정신 위에 지은 공간

한국의 서원

정신 위에 지은 공간,
한국의 서원

초판 인쇄   2019. 4. 25
초판 발행   2019. 5. 2

지은이 김희곤
펴낸이 지미정

편집 문혜영, 이정주
디자인 한윤아
마케팅 권순민, 박장희

펴낸곳 미술문화 │ **주소** 경기도 고양시 일산동구 중앙로 1275번길 38-10, 1504호
전화 02)335-2964 │ **팩스** 031)901-2965 │ **홈페이지** www.misulmun.co.kr
등록번호 제2014-00189호 │ **등록일** 1994. 3. 30
인쇄 동화인쇄

이 도서의 국립중앙도서관 출판시도서목록(CIP)은 서지정보유통지원시스템
홈페이지(http://seoji.nl.go.kr)와 국가자료공동목록시스템(http://nl.go.kr/kolisnet)
에서 이용하실 수 있습니다.(CIP제어번호: 2019015398)

ISBN 979-11-85954-50-9(03610)
값 20,000원

정신 위에 지은 공간, # 한국의 서원

어떻게
살고
어떻게
죽을 것인가

김희곤
지음

미술문화
MISUL MUNHWA

왜 한국의 서원인가

불꽃 같은 정신으로 한 시대를 밝힌,
한국의 서원

건축은 인간의 사상이 집약된 화석이다. 인간이 집을 짓지만 집은 인간의 삶을 길들인다. 한국의 서원은 역사에 길이 빛나는 학자들의 사상을 공간으로 집약한 건축물이다. 15, 16세기 조선시대 초기 학문의 세계를 열었던 성리학자들이 새로운 시대를 이끌어갈 미래인재를 양성하기 위해 지은 교육기관이 한국의 서원이었다. 한국의 서원에는 불꽃 같은 정신으로 한 시대를 밝힌 성리학자들의 사상이 고스란히 남아 있다.

유네스코 세계문화유산 목록에 등재 신청한 아홉 개의 서원은 모두 국가문화재로 지정된 곳이다. 영주 소수서원, 함양 남계서원, 경주 옥산서원, 안동 도산서원, 장성 필암서원, 달성 도동서원, 안동 병산서원, 정읍 무성서원, 논산 돈암서원은 하나같이 독특한 배치와 건물 구조, 섬세한 디테일을 자랑한다. 그야말로 민족의 정기를 세운 선각자들의 사상을 공간으로 구현한 건축 백화점이라 할 수 있다.

2008년 북경올림픽 개막식 공연에서 12억 중국인들은 이태백의 「여산폭포를 바라보며望廬山瀑布」시 구절을 자랑스럽게 읊었다. "나르듯 세차게 곧바로 흘러내리는 물 삼천 자나 되니 하늘에서 은하수가 쏟아져 내린 것이 아닐까." 여산폭포의 형상을 극적으로 그려 낸 이 시는 중국 역사의 웅장한 기개가 여산의 백록동서원에서 발원하였음을 천명한 것이다. 중국 여산 오로봉 아래 흰 사슴이 노닐던 신선의 마을에서 유교가 주자학으로 새롭게 피어났다.

조선의 서원은 중국의 백록동서원을 모델로 하여 한국만의 독자적인 양식으로 발전했다. 우리나라 최초의 서원인 백운동서원은 소백산 비로봉 아래 태백산의 신선이 노닐던 마을에서 출발했다. 소백산 계곡으로 안개구름이 내려앉는 백운동에서 중국의 주자학이 조선만의 독창적인 성리학으로 피어난 것이다. "예술은 표절이 아니면 혁명이다"라는 고갱의 말처럼 마침내 한반도에도 혁명적인 교육 기관이 탄생했다. 그 이름이 한국의 서원이다.

유네스코 세계문화유산 목록에 등재 신청한 아홉 개 서원은 하나같이 제향자의 사상을 건축 공간 속에 독창적으로 투영했다. 경상도의 서원이 대부분 산자락에 기대어 있다면 전라도, 충청도의 서원은 산자락이 끝나고 들판이 시작되는 길목에 위치한다. 산수가 빼어난 곳에 터를 잡았지만 인간과 자연이 공존했다. 여유(노는 것)와 긴장(공부하는 것)을 들숨과 날숨처럼 반복하며 선각자들의 학문세계로 날아갔다. 서원 건축의 주인은 인간이다. 그중에서도 서원의 주인은 배움의 주체인 젊은이들일 것이다.

우리는 압축 성장을 이루는 과정에서 눈에 보이고 손에 잡히는 것만 챙기다 소중한 우리만의 가치를 놓쳐버렸다. 세계 10위권의 경제대국으로 진입하며 깨달은 진리는 가장 한국적인 것이 가장 세계적이라는 간단한 명제였다. 가장 세계적인 창조는 우리 문화 속에 있음을 깨닫게 되었다.

한국의 서원은 우리 민족의 열정으로 피어낸 꽃봉오리다. 서원에는 목숨을 버리면서까지 소신과 가치를 지키려 했던 선각자들의 혼이 그대로 남아 있다. 역사의 철퇴를 맞으면서 끈질기게 살아남은 한국의 서원에 탈색되지 않는 민족의 혼이 담겨 있다. 오랜 시간을 버티고 살아남은 건축물은 그 민족의 혼과 사상을 압축해 놓은 화석과도 같다. 오래된 건축물은 가장 아름다운 예술작품이다.

한국의 서원만큼 빛과 그림자가 선명한 건축도 드물다. 그러나 그 빛은 그림자에 쌓여 있을 때 더욱 빛난다. 한국을 대표하는 서원에 제향된 아홉 명의 인물들은 하나같이 암울한 시대에 민족의 방향을 제시한 선각자들이다. 안향, 이황, 류성룡, 정여창, 이언적, 김굉필, 김인후, 최치원, 김장생 등은 통일신라나 고려, 조선의 정치적 격변기에 우리 민족의 미래를 밝히기 위해 기꺼이 등불이 되길 자처했다. 공자를 제향한 향교의 대항마로서 탄생한 한국의 서원은 우리 민족의 스승을 제향하여 마침내 정신의 독립을 쟁취했다. 이 책에서 소개할 아홉 개 서원은 단순한 건축 공간이 아니다. 자연 속에 선각자들의 사상과 철학을 씨실과 날실처럼 조밀하게 엮어 독창적인 작품으로 승화한 빼어난 산수화와도 같다.

한국의 서원은 선각자의 혼이 담겨 있는 오래된 미래다. 조선 말기 흥선대원군의 철퇴를 피해 살아남은 한국을 대표하는 아홉 개 서원은 단순히 조선시대의 건축물이 아니라 우리 민족의 미래 유산이다. 유네스코가 세계건축문화유산을 지정해 지키고자 하는 이유는 지구촌 이곳저곳에 숨어 있는 수많은 민족의 가치와 이야기를 세계인과 공유하기 위함이다. 한국의 서원에는 산업화의 맷돌에 갈리고 찢긴 우리 민족만의 혼이 잠들어 있다. 어제는 역사이고, 오늘은 선물이고, 미래는 신비라고들 한다. 오늘의 선물은 역사의 강줄기를 따라 미래로 유유히 흘러가는 민족의 유산에 숨어 있을 것이다.

에드워드 핼릿 카는 "역사는 과거와 현재의 끊임없는 대화"라고 했다. 한국의 서원을 유네스코 세계문화유산 목록에 등재 신청했다는 것은 말 그대로 한국의 서원이 세계인들과 이야기를 나누려고 한다는 것을 의미한다. 서원의 사상과 철학이 마침내 세계인의 강줄기로 흐르기 시작했다.

유네스코 세계문화유산 목록 등재 신청을 위해 ㈔한국서원연합회 세계유산등재추진단에서 발간한 도서가 이 글을 쓰는 데에 크게 도움이 되었다. 복잡한 양식론으로 설명하기보다 서원의 역사와 사상이 오롯이 담긴 건축 공간의 구조를 살피고자 했다. 거친 원고를 읽어주시고 자구 하나까지 교정해주신 전 성균관대 교수이자 건축역사학자 이상해 박사님께 감사드린다.

최치원 선생의 무성서원 272

김장생 선생의 돈암서원 298

끝맺으며

오래된 미래,
한국의 서원

중국 서원의 발전과 몰락

서원이라는 명칭은 당나라 현종(재위 712~756) 때 세워진 여정전서원麗正殿書院과 집현전서원集賢殿書院에서 유래했다. 초기 이들 서원은 서적을 구비한 일종의 관립도서관에 불과했다. 본격적인 서원의 형태는 지금부터 천여 년 전인 북송(960~1127) 초기 백록白鹿, 석고石鼓, 응천應天, 악록岳麓으로 불린 4대서원에서 유래한다. 오늘날 호남성 장사시의 악록서원이 스스로 천년학부라고 부르며 중국 서원의 효시라고 자랑한다. 이후 남송시대 주희가 백록동서원을 중건하여 서원의 제도를 확립했고, 이를 본거지로 하여 활발한 강학활동을 펼치면서 서원이 널리 보급되었다.

상해에서 양자강을 거슬러 오르다 보면 중국 남동부 강서성에 위치한 여산이 나온다. 당나라 때 이발이라는 학자가 여산의 오로봉 아래에서 작은 정사를 짓고 숨어 살면서 흰 사슴을 기르며 후학을 가르쳤다. 그가 죽고 백여 년이 지나 그 옛터인 백록동에 여산국학이라는 학교가 세워졌고, 그로부터 오십 년 후 백록동이란 이름의 서원이 세워졌다. 그리고 200여 년이 흐른 1179년 주희가 인근 남강군의 태수로 부임하게 되었다.

주희는 황폐해진 백록동의 옛 자취를 찾아보고 관의 힘을 빌려 서원을 다시 세운 뒤 스스로 원장이 되었다. 이 무렵 그는 50줄에 들어서 사서四書에서 오경五經으로 그 관심이 점차 옮겨가던 때였다. 주희는 백록동에서 『중용中庸』을 쉽게 풀이한 주석서인 『중용장구中庸章句』를 직접 강의하며 육구연, 여조겸 등 자신과 의견이 다른 학자들을 초빙해 토론을 벌였다. 또 그는 백록동서원 학규를 스스로 마련하여 오륜五倫을 기본으로 서원 교육의 방향을 정립하고 유생들이 수행해야 할 궁리窮理와 독행篤行의 원칙을 제시했다. 궁리란 인성과 사물의 이치를 깨우치는 사유의 과정인 이학이며, 독행이란 배운 바를 실천에 옮기는 일이었다.

주희의 노력으로 백록동서원의 존재가 중국 천하에 널리 알려졌고, 주자학이 독보적인 자리를 잡으며 마침내 서원이 전국적으로 확산되었다. 이후 명대(1368~1644)에는 천하에 이름난 서원만 300여 곳에 이를 정도였다.

왕수인이 용강龍岡과 계산稽山 두 곳의 서원에서 강학활동을 통해 양명학을 보급하고 동림서원 출신의 관료들이 동림당을 형성하여 16세기 명나라의 부패한 정치 현실을 바로잡으려 했던 데서 중국 서원의 개혁정신을 엿볼 수 있다. 그러나 청대(1616~1912)로 접어들며 중국의 서원은 자유로운 학문 풍토가 점차 상실되고, 국가의 통제 아래 과거 시험을 준비하기 위한 관학의 보조기구로 변질되었다.

800여 년간 강학이 지속되었다는 중국의 백록동서원도 유학이 서구적 가치에 매몰되며 점차 쇠퇴했다. 문화대혁명의 소용돌이는 서원의 흔적마저 지우고 말았다. 최근 복원된 백록동서원에는 궁리와 독행을 실천했던 주희의 영혼이 박제되어 있을 뿐이다.

조선 서원의 탄생

아비가 양반이면 자식도 양반이 되었던 것과 달리 사림은 물려받을 수 있는 지위가 아니었다. 당시 평민이 양반이 되는 길은 과거 급제뿐이었다. 평민 출신 과거 급제자 비율이 전체의 40~50퍼센트 수준이었고, 18세기 중반 정조 이후에는 그 비율이 크게 증가하여 고종 대에는 60퍼센트에 육박했다. 이러한 사회 분위기 속 공자를 모신 향교는 과거 급제를 위한 출세 수단으로 전락했고, 인격과 덕성을 함양한 새로운 학교 모델이 요구되었다.

신재 주세붕은 서원을 활용하여 쇠퇴한 향교를 보완하고자 했다. 이는 주희가 관학을 보완하기 위해 무이정사를 세운 것과 같은 이치다. 1541년 풍기군수로 부임한 주세붕은 1543년(중종 38) 경상도 영주시 순흥에 이곳 출신의 유학자인 회헌 안향을 모시는 사당인 문성공묘를 세웠다. 순흥은 고려 후기에 중국으로부터 주자학을 도입해온 안향의 고향이다. 그는 안향이 한때 경전을 읽었던 옛 숙수사의 절터에 사당을 세워 제사를 지냈다. 사당 옆에는 유생들의 강학을 위한 건물을 짓고 마을의 이름을 따서 백운동서원白雲洞書院이라 명명했다. 이로써 강학 공간을 겸비한 한국 최초의 서원이 이 땅에 뿌리내렸다. 마침내 중국의 공자가 아닌 우리의 스승을 모신 학문 공간이 만들어진 것이다. 영남감사의 지원과 지방 유지의 도움으로 서적과 학전(서원 경비를 충당하는 토지)을 구입하고 노비 및 원속院屬을 확충하는 등 서원의 기반을 마련했고, 급제자를 배출하며 서원 체제를 갖추고자 노력하였다.

하지만 초기 백운동서원은 안향을 제사 지내는 문성사(문성공묘)의 부속건물에 지나지 않았다. 안향의 위패를 모신 사당이 중심이고 서원

퇴계 이황의 도산서원 전경
퇴계 덕분에 조선에 서원이 독자적인 교육 기관으로 뿌리내릴 수 있었다.

은 단지 유생이 공부하는 건물에 불과했다. 학습 방식도 과거 시험에 편중되어 있었다. 주세붕 스스로 과거 급제자를 배출한 것을 두고 서원 효과라고 자랑한 데서 초기 백운동서원의 역할을 알 수 있다.

독자적인 조선 서원이 정착되고 보급된 것은 퇴계 이황에 의해서였다. 중국 서원의 보급을 주도한 주희에 공감한 이황은 황준량과 더불어 300여 개 중국 서원 사례를 검토하여 조선사회에 맞는 서원 제도를 구상했다.

이황은 유학의 이상적 정치 모델인 요, 순, 우 3대의 태평성대를 실현하는 것에 학문의 목표를 두었다. 그는 바람직한 정치는 사람들의 마음을 바른 곳으로 이끄는 데서 비롯된다고 생각했고, 이를 위해 군주 스스로 수양을 통해 만백성에게 모범을 보여야 한다고 믿었다. 무엇보다도 백성의 교육을 담당할 주체인 사림을 훈련시켜야 함을 강조했다. 교육의 성과를 거두기 위해서는 백성들을 가르칠 사림의 풍속과 관습을 바로잡아 학문의 올바른 방향을 설정해야 한다고 본 것이다. 68세의 노령에도 이황은 자신의 사상을 그림으로 표현한 일종의 국정 운영 매뉴얼인 〈성학십도聖學十圖〉를 어린 선조(재위 1567~1608)에게 올렸다. 더불어 도학을 천명하고 중국에서 발달되어 온 서원 제도를 도입하여 백성들을 이끌 리더의 교육기관으로 지목했다.

이황은 성인의 학문인 도학을 배우고 의리와 덕성을 함양할 인재를 양성하는 장소로 서원이 제격이라 믿었다. 이에 서원을 유생들이 모여 성현의 글을 읽고 토론하는 사림 양성기구로 공식화했다. 그는 유생들이 공부하는 강당과 일종의 사상적 멘토를 모시는 사당을 주요 시설로 하는 서원의 초기 구조를 정착시켰고 서원 체제를 정비했으며 학습과 운영방안을 규정했다.

이황은 풍기군수로 재직하며 백운동서원에 대한 사액과 국가의 지원을 요구했고 고향 예안의 역동서원 설립을 추진하는 등 10여 곳의 서원 건립에 참여했다. 한편으로는 국가공인 사액서원의 제향자로 안향, 정몽주, 최충, 최유길 등 고려시대의 인물들을 내세워 훈척 세력의 반발을 피했다. 한국 최초의 서원인 소수서원紹修書院의 제향자로 고려시대 인물인 안향을 내세운 것도 이러한 연유에서였다. 안향을 바람막이로 하여 선조 대에 '동방5현'으로 불리던 김굉필, 정여창, 조광조, 이언적, 이황의 문묘 종사가 이루어질 수 있었다.

경상감사를 통해 백운동서원을 접한 조정은 지방 유생들을 학습시키고 유학을 장려한다는 명분으로 소수서원이라는 이름의 현판과 함께 약간의 서적과 노비까지 내려주었다. 백운동서원에 대한 사액은 조정의 공인을 뜻하는 것으로, 사림을 국정의 파트너로서 받아들이겠다는 의미였다.

소수서원의 현판이 내려올 즈음 이황은 고향으로 물러나 있었다. 그러나 성리학 연구에 몰두하는 와중에도 예안의 역동서원, 영주의 이산서원, 성주의 영봉서원 등의 건립에 직접 참여하거나 제자를 파견해 지원하며 서원 보급에 주력했다. 선조 즉위 전까지 전국에 세워진 23곳의 서원 중 절반이 이황의 손길을 거쳤다. 사림의 세력화를 우려한 훈척의 반대로 좌절되었던 사림의 학문적 구심점이 소수서원의 사액으로 마침내 자리 잡을 수 있었다.

이황이 구성한 서원 구조는 유교 경서를 공부하는 중심 건물인 강당講堂과 원생들이 기거하며 독서를 하는 생활공간인 재사齋舍(동·서재)로 구성되는 강학 공간, 학문의 사표師表가 되는 인물을 기리는 제향 공간으로 나뉜다. 이황은 자유로운 강론 중심의 학습 방식과 배운 것을 익히고 덕성을 함양하는 학습 규칙을 제정하고 자기 주도적으로 학문을 수련하는 장수藏修 공간으로서 서원의 실천 규정을 정립했다.

장수란 몸가짐을 바르게 하고 마음을 집중해 학문을 닦고 수양하여
성리학적 인물로 성장하는 것을 의미한다. 더불어 독서법이나 서원 운
영과 관련된 제반 규칙 또한 수록하여 조선 서원의 체계를 확고히 했
다.

오늘날 이황을 조선의 주자라 부르는 것은 이기설로 대표되는 높은
학문적 성취 때문만은 아니다. 선구적인 안목으로 사림의 시대를 예측
하고 교육 기관으로 서원을 정립한 것 또한 그의 빛나는 성과다. 그의
이러한 노력으로 유식, 강학, 사우 공간이 한데 모인 조선만의 서원이
탄생할 수 있었다.

서원의 어머니, 정사

한반도에 본격적으로 서원이 세워지기 이전부터 조선 성리학자들은
정사精舍(경서를 읽는 작은 집)를 경영했다. 16세기 전후 성리학이 조선사
회에 정착하자 그들은 산수가 빼어난 곳에 정사나 별서(별장)를 지어
거처했다. 그들에게 정사란 학문을 닦거나 독서와 토론을 하는 작은
건물이었다.

조선의 성리학자들은 주희의 학문세계를 흠모하며 그와 같은 삶을
살고자 했다. 주희가 무이정사를 짓고 「무이정사잡영武夷精舍雜詠」을
지었듯이 이황은 안동에 도산서당을 짓고 「도산잡영陶山雜詠」과 「도산
십이곡陶山十二曲」을 지었다. 율곡 이이 역시 황해도 해주에 은병정사
를 짓고 「고산구곡가高山九曲歌」를 지었으며 김수증은 이이를 모방하

여 화천에 정사를 세우고 「곡운구곡谷雲九曲」을 지어 은거했다.

당시 정사는 온돌방과 마루만으로 구성된 두세 칸 규모의 단출한 건물이었다. 조선시대의 정사는 자신을 비움으로써 더 많은 것을 얻어 내는 도장이었다. 조선의 성리학자들은 정사에 머무르며 주변 산수와 공존하고 심성을 수련했다. 정사 건축은 자연을 인격화하고 인격을 자연화하기 위한 것으로, 자연 현상에 인간의 사상을 투영했다. 이러한 정사의 건축 정신은 훗날 서원 건축의 기반이 되었다. 정사 건축의 표본은 이황의 도산서원陶山書院이다. 겸재 정선과 첨재 강세황이 그린 〈도산서원도陶山書院圖〉는 무이정사나 마찬가지로, 속세를 벗어난 이상세계의 구현이다.

정사의 공간은 건물로 한정되지 않고 자연으로 확대되어 자연과 건물이 하나로 교감했다. 정사는 소박한 공간에서 자연과 조화를 이루며 경건한 마음으로 사물의 이치와 깨달음을 구하는, 자연의 품속에서 학문을 닦고 인격을 수양하는 둥지였다. 정사에는 당시 선비의 자연관이었던 천인합일天人合一 사상이 그대로 구현되어 있다.

서원 건축의 매력, 시중의 건축

서원 건축을 주도한 성리학자들은 우주론적 인식과 인성론을 근간으로 하는 천인합일 사상에 심취했다. 과거 시험을 통해 성장한 사대부들은 경전 자구를 해석하는 데 치중했던 종래의 유학(훈고학)에서 벗어나 우주와 인간의 근본적인 문제를 탐구하고자 했다. 불교의 선정사상을 유교적 입장에서 수용한 성리학은 인간의 도리를 밝히고 우주와 인간의 근원을 탐구하는 학문이었다. 이들은 하늘을 단순히 자연의 한 부분으로 인식하지 않고 하늘의 조화와 질서를 지상의 만물에 적용하여 그 존재 의미를 밝히고자 했다. 그들에게 자연은 인간과의 관계 속에서 이해할 수 있는 지극히 상식적인 것이었다.

천인합일은 인간이 만든 건축을 자연과 분리해서 생각할 수 없으며, 동시에 인간과 사회가 별개로 존재할 수 없음을 밝혀주는 사상이다. 자연 현상과 인간사를 동일한 체계로 파악하여 자연을 인간 행위의 모범으로 삼는 천인합일 사상은 서원의 환경과 공간 구성에도 그대로 투영되었다. 실제로 서원의 배치와 공간 구성은 주변 산수와 밀접하게 연결되어 있다. 서원은 건축과 자연을 하나의 문맥으로 연계하며 그 장소만의 성격을 강화했다. 자연 경관과 건축을 하나의 유기체로 엮어낸 것이다.

성리학자들은 서원을 단순한 교육 공간이 아니라 천인합일의 경지에 이르는 수양처로 이해했다. 그들이 설계한 서원은 크게 유식과 강학, 제향 공간으로 구분된다. 유식 공간은 자연의 변화를 느끼며 심신을 이완하는 곳, 강학 공간은 경서를 탐독하며 심신을 긴장하는 곳, 제향 공간은 스승의 학덕을 기리며 스스로 학문의 방향을 찾아가는 곳

남계서원의 강학 공간

남계서원은 동재와 서재에 작은 누각을 달아 자연을 감상하게 했다. 학문을 닦는 동시에 자연을 사유하는 공간이다.

이다. 이 세 공간은 별개의 프로그램이 아닌 긴밀하게 연결된 하나의 시스템이다. 중국의 서원이 강학을 중시하는 관학의 보조학교에 불과했던 반면 조선의 서원은 세 가지 공간을 융합하여 독자적인 학문 공간으로 발전했다.

유교에서 중용中庸이란 한쪽으로 치우치지 않는 균형점을 의미한다. 이처럼 한쪽으로 치우치지 않는 공간 질서를 대칭 구조라 하는데, 사람의 골격과 같이 건축 공간 역시 중심축을 따라 대칭을 이루며 균형을 유지한다. 건축에서 중심축이란 공간의 질서를 잡아주는 중심선이다. 그 선을 중심으로 좌우 대칭을 이루는 것은 고대부터 이어진 건축법이었다. 이집트의 피라미드와 그리스 신전, 로마의 성당은 모두 대칭 구조로 지어진 건축물이다.

한국의 서원 또한 마찬가지다. 도동서원道東書院의 누각, 중문, 강당, 내삼문, 사당은 중심축을 따라 한 치의 흐트러짐도 없이 곧게 줄을 서고 있다. 주요 건물이 중심축을 따라 대칭을 이루고, 좁은 길과 계단도 축선에 놓여 이를 강조한다. 중심축은 강력한 방향성을 지향한다. 도동서원에서 뚜렷하게 나타나는 중심축은 나머지 여덟 개 서원에서도 나타나지만 그 내용은 조금씩 다르다. 기본적으로 중심축을 따르지만 대지의 여건과 제향자의 사상에 따라 유연하게 적용되고 있다.

이러한 유연함이 한국의 서원 건축의 매력이다. 모든 터가 대칭과 중심축을 구현하기에 적합한 것은 아니다. 중심축과 대칭을 무리하게 강요하면 오히려 어색해질 수 있다. 한국의 서원은 산과 구릉이 많은 지형 조건에서는 개념적으로 중심축을 받아들이되 부분적으로 축을 비틀고 깨뜨리며 조화를 꾀했다. 이렇듯 전체적인 구도를 유지하면서도 부분적으로 축에서 자유로운 균형의 건축을 시중時中의 건축이라 부른다. 한국의 서원은 큰 틀은 유지하되 단위 건물들을 유기적으로 조직하며 균형을 추구했다.

　한국의 서원은 개념적인 중심축을 유지하면서 그 속에서 조금씩 변화를 주었다. 틀 속에서 변화를 수용하는 순간 공간에 생동감이 살아났다. 주변 환경에 맞추어 원칙을 유연하게 적용하는 것이 "치우치거나 기울어지지 않고, 지나치거나 모자람이 없다"고 하는 중의 본래적 의미에 더 가까울 것이다. 시의성을 의미하는 시중도 이와 별개의 개념이 아니다. 전체적인 구도를 유지하면서 부분적으로 축에서 자유로운 균형의 건축, 시중의 건축은 한국 서원의 진정한 매력일 것이다.

조선 초기 서원에 담긴 정신세계

초기 성리학은 조선의 통치 도구이자 새로운 시대 엘리트들의 정신세계였다. 조선사회는 대학에 해당하는 성균관을 서울에, 중등학교에 해당하는 향교를 지방에 설치하여 이원적인 인재 양성 시스템을 갖추었다. 그러나 지방에는 좋은 선생을 모시는 데 한계가 있어 학교로서 제대로 기능하기 힘들었다. 조선 초기 향교는 양반과 양민이 함께 공부하는 열린 학교였다. 그러나 신분제가 고착되자 양반 자제들이 양민과 함께 공부하는 것을 꺼리면서 공교육의 중심이었던 향교가 위축되었다. 성리학으로 무장한 서원은 당시로서는 혁신적인 교육 기관이었다.

　15세기 중엽 서구가 르네상스를 꽃피울 때 조선에서도 르네상스의 불꽃이 피어나고 있었다. 세종대왕(재위 1418~1450)의 한글 창제와 천문학 정비로 민중의 삶을 혁신하고자 하는 르네상스 불길이 타오른 것이다. 그러나 이 불길은 세조(재위 1455~1468)의 왕위 찬탈을 기화로 바람처럼 사라졌다. 성리학의 근간인 삼강三綱이 무너지자 이를 비판하는 신진 사대부들이 들불처럼 일어났다. 단종의 죽음을 애도하는 「조의제문弔義帝文」을 짓고 단종의 어머니인 문종비의 복위를 주장하던 김종직, 김굉필, 김일손 등의 사림이 무오사화(연산군 4년, 김일손 등 신진 사림들이 유자광 중심의 훈구파에게 화를 입은 사건)와 갑자사화(연산군 10년, 연산군의 어머니 윤씨의 복위문제에 얽혀서 일어난 사화)로 몰락하자 곧바로 중종반정(1506)이 일어났다. 이를 만회하려던 조광조 등이 기묘사화(중종 14년, 훈구파에 의해 신진 사대부들이 숙청된 사건)를 당하자 조선 성리학의 근본이 뿌리째 흔들렸다. 성리학의 윤리가 땅에 떨어지고 이를 가르쳐 실천에 옮겨야 할 관학은 과거 시험을 준비하는 학원으로 변질되어 조선사회를 이끌어갈 지도층이 무력화되었다.

사림의 출현은 조선 초기 사회를 주도했던 훈척과 관련이 있다. 정변에 참여해 공신이 된 사대부들의 후손들은 왕실과의 혼인을 통해 척신으로 변모했다. 역사는 훈구파와 척신을 줄여 훈척이라 불렀는데, 국가 권력은 그들 손아귀에서 놀아났다. 이들의 장기 집권에 따른 부정부패가 만연하자 조선사회 전반에 걸쳐 불만이 끓어올랐다. 이러한 사회적 불만에 부응하여 등장한 비판 세력이 바로 사림이다.

글 읽는 선비들의 무리를 뜻하는 사림은 기존의 정치 세력인 훈척의 대척점에서 성리학으로 무장했다. 그들은 사대부와 뿌리를 같이하면서도 조선 개국 과정에서 정변에 직접 참여하지 않았던 자들로 지방 토착 세력의 후손이었다. 여기에 조선 초기 권력 투쟁 과정에서 밀려난 후손들까지 가세했다. 이른바 권력에서 배척된 마이너리티들을 새로운 집단으로 묶은 인물이 바로 김종직이었다.

김종직은 그를 따르는 젊은 선비들에게 주희 성리학의 의리론義理論

을 가르쳤다. 욕망의 절제를 통해 극기에 가까운 자기 수양을 요구하고 그들만이 성현의 도리를 실천하여 국가를 바르게 이끌어 갈 참된 선비 집단임을 강조했다. 명분과 의리로 똘똘 뭉친 의리론은 다른 생각을 가진 학자들과 쉽게 타협하지 못하고 정쟁을 일으켜 비난의 대상이 되기도 했다. 그러나 한편으로 그들은 스스로 국가의 원기요, 나라의 운명을 거머쥔 인재라고 자부하며 기존 사대부의 대항마로 부상했다. 그들은 사림의 자격과 범주를 설정하고 철저한 자기 수양을 존재 가치의 중심에 두었다. 역사가들이 그들을 사림이라 부른 것은 기존의 사대부가 기득권에 기대어 노력하지 않은 것과 달리 자기혁신을 중심에 두고 새로운 선비 집단임을 강조했기 때문이다.

사상과 학문으로 무장한 사림은 호시탐탐 정치세력화의 기회를 엿보았다. 연산군 이후 중종, 명종 대를 거치면서 네 차례나 거듭된 사화는 위기감을 느낀 훈척들이 주도한 정치적 방어였다. 그러나 훈척의 부패와 비행은 사림의 명분 앞에 속수무책이었다. 연산군의 심복이자 사화의 주동자였던 임사홍의 아들 임희재가 김종직의 제자가 되었다는 데서 훈척의 시대가 기울고 사림의 시대가 열렸음을 엿볼 수 있다.

16세기 중반 문정왕후의 죽음으로 그동안 막강한 영향력을 행사한 훈척의 시대가 막을 내렸다. 마침내 주도권을 잡은 사림은 현실론을 앞세운 부국강병보다 의리와 명분에 기초한 인심 수습과 안정에 주력했다. 그들은 밀실에서 정책을 결정하기보다 토론에서 도출된 공론을 정국 운영에 반영하고자 했다. 그러나 논의 과정이 길어지면서 의견이 같은 사람끼리만 결속하는 부작용이 발생했다. 이는 민주적인 의견 수렴 절차가 정착하지 못한 결과였다. 논리를 근거로 논쟁을 벌이는 것은 밀실의 음모로 사적인 이해를 좇는 행위보다 합리적이었으나 이를 가로막은 것도 의리와 명분이었다.

무성서원의 가을 풍경

무성서원은 임진왜란 당시 항일 의병 운동을 주도하며 조선의 현실에 적극적으로 대응했다.

사림이 주도하던 16세기 중반에서 18세기 초 조선의 사회 경제적 상황은 양반사족을 주축으로 하는 향촌 공동체를 중심으로 이루어졌다. 조선 초기 약 1세기에 걸친 신분 재편성 과정에서 관직에 진출한 양반사족은 중앙에서는 사대부, 지방에서는 품관으로 불리며 향촌 사회를 좌지우지했다. 조선 중기에 이르러 지배층의 지위를 확보한 사림은 상호 결속하며 더욱 강력한 집단으로 성장했다. 이들은 향약鄕約을 제정하고 향촌의 구휼 기구인 사창 제도까지 직접 지휘하며 향촌 사회를 주도했다.

사림의 주도 아래 끈끈하게 묶인 향촌 공동체는 향촌 사회의 안정에 크게 기여했다. 대표적으로 임진왜란(1592~1598) 당시 무성서원武城書院은 의병 활동의 본거지로 기능하며 국가적 위기상황에 대처했다. 양반사족과 농민들은 농업용수를 확보하기 위해 저수지를 쌓고 모내기, 견종법을 과감하게 도입하는 등 적극적으로 힘을 모았다. 공동체의 단결은 18세기 이후 본격화된 유통 경제를 견인한 원동력이었다.

서원 철폐에서 살아남다

초기 서원은 투철한 성리학적 사상을 기반으로 개인과 향촌을 넘어 국가와 민족의 발전에 이바지했다. 국가 공인을 받은 사액서원은 왕실에서 내려준 서원전과 노비를 기반으로 하여 나름대로의 재정 기반을 구축했다. 그럼에도 불구하고 초기 서원은 재정의 대부분을 지방관과 관찰사의 후원에 의지한 것이 사실이다. 명종(재위 1545~1567) 말에서 선조 초 중앙 정계에 진출한 이들은 바로 이러한 지원을 바탕으로 성장한 세력이다.

발전기인 선조에서 현종(재위 1659~1674) 말까지 약 200여 곳의 서원이 건립되었으며, 그중 사액서원만 95곳에 이르렀다. 이는 명종 대까지 건립된 서원이 20여 곳인 데에 비하면 괄목할 만한 성장이다. 경상도에 집중되었던 서원은 차츰 전라도와 충청도, 경기도는 물론이고 한강 이북 지역까지 확산되었다. 이 시기 서원은 질적으로도 발전하여 2세대 사림의 정계 진출의 기지가 되었다. 퇴계 이황을 비롯하여 남명 조식, 율곡 이이, 우계 성혼 등 저명한 유학자의 학통을 계승한 사림들이 자체적으로 서원을 세우거나 이미 세워진 서원을 중심으로 강학활동을 펼쳤다. 조선 후기 사림을 양분했던 영남학파와 기호학파 역시 이 시기에 형성된 것이다.

그러나 사림이 초기의 정신을 잊고 사리사욕에 눈이 멀자 조선의 지식사회는 병들기 시작했다. 임진왜란 당시 선조는 글만 가지고 떠드는 선비들이 나라를 망친다며 서원의 폐단을 지적했고, 인조(재위 1623~1649)는 부적격자의 무분별한 제향을 문제 삼았다. 또 충청감사 서필원은 서원이 공교육 기관인 향교를 위축시키고 붕당을 조장하는 제향자를 천거하여 분쟁을 일으키며 군역의 피난처로 전락하였음을 고발했다.

남설기인 숙종(재위 1674~1720)에서 영조 17년(1741)까지는 서원의 무분별한 확장이 이루어졌다. 이 시기에 서원은 학파의 영수를 제향하는 사적 공간으로 전락했다. 참된 학자를 양성하는 학문의 공간이 당쟁을 일삼는 사당패로 전락한 것이다. 무분별한 서원 건립을 통제하자 서원은 교묘하게 사당(사우)으로 위장했다. 사당을 포함한 서원의 숫자는 영조 연간 900곳에 이르렀다. 당시 변방을 제외한 일반 군현의 수가

300여 개 정도였으니 평균적으로 하나의 고을에 세 개의 서원이 난립한 것이다. 서원의 수적 증가가 대민작폐로 이어지자 영조 연간에는 전국 서원 173곳을 철폐하기에 이르렀다.

영조는 당쟁의 온상인 서원을 철폐하고 인재를 골고루 등용하는 탕평책을 시행했다. 이후 통계상 서원 건립은 줄어들었지만 문중을 중심으로 하는 음성적인 서원 건립은 오히려 늘어났다. 제향자의 선정 원칙 또한 무너져 정쟁에 희생된 인물이나 행적이 확인되지 않는 유생까지 제향되었다. 초기의 정신과 무관하게 사사로운 이해관계에 따라 제향자를 선정한 것이다.

정조(재위 1776~1800)와 철종(재위 1849~1863) 대에 몇 차례 서원 훼철이 단행된 것은 두 가지 폐단을 원인으로 한다. 첫째로는 지방관이 지원을 끊어버리자 재정 마련을 위해 대민작폐를 저질렀기 때문이며, 둘째로는 서원이 제향자의 후손에 의해 운영되며 사림의 공적 기구가 아닌 문중의 사적 기구로 전락했기 때문이다. 당시 양반의 지위가 동요하며 서원은 초기의 개혁 정신을 잃었고 재정상의 문제로 강학활동 역시 어려워졌다.

흥선대원군은 세도정치로 실추된 왕권을 회복하고 강력한 중앙집권체제를 정비하기 위해 서원 철폐를 단행했다. 그는 국가 재정을 바닥내면서까지 무리하게 경복궁을 중건할 정도로 조선 왕실의 권위를 세우려는 의지가 강한 인물이었다. 중앙집권체제의 걸림돌이었던 지방 사림 세력을 적극적으로 통제하려 한 것은 당연한 수순이었을 것이다. 흥선대원군은 세도정치의 온실이었던 비변사를 축소하고 조세 제도를 개혁했으며 지방 토호들의 거점이었던 서원을 철폐했다. 이 시기에 문묘에 종사된 인물이나 국가에 큰 공을 세운 인물을 제향한 47곳을 제외한 모든 서원이 폐쇄되었다. 이후 다시 세워진 곳도 있지만 서원은 그 옛날의 영광을 되찾을 수 없었다.

유네스코 세계문화유산 목록에 등재 신청한 9개 서원은 철폐 대상에서 제외된 47곳 중에서도 초기 제향자의 정신이 제대로 구현된 곳이다. 여기에는 국가와 민족의 미래를 위해 기꺼이 자신의 목숨을 걸었던 학자들의 사상이 배어 있다.

시대의 흐름을 외면하다

15세기 중엽 동로마가 멸망하자 서구는 피렌체를 중심으로 르네상스를 꽃피웠다. 15세기 말 콜럼버스의 신대륙 발견으로 해양 세력이 등장했고, 식민지 각축전을 치르며 세계 질서가 육지에서 바다로 변화했다. 1778년 프랑스 대혁명을 기화로 유럽은 농경 사회에서 산업 사회로의 전환을 시도했고 상공업이 크게 발달했다. 당시 조선사회도 중세 농업사회를 이끌었던 성리학이 더 이상 산업사회를 이끌어갈 능력이 없음을 깨닫기 시작했다. 이에 정조는 서구 문명을 적극적으로 받아들이기 위해 규장각을 세우고 북학파를 양성하여 사회개혁을 주도하고자 했다.

당시 서원은 자기혁신의 초기 정신을 잃어버리고 성리학을 수구적으로 고수하며 향촌 사림을 규합하는 데에 급급했다. 경상도에 서원이 편중되면서 영남 출신의 유학자들이 득세하자 뭇사람들은 경상도를 조선의 맹자와 공자의 고향으로 부르기도 했다. 그러나 정작 영남의 양반들은 국가의 미래를 생각하지 않고 양반의 지위를 유지하기 위해 사당을 세우고 문집을 발간한다는 비판을 피할 수 없었다. 17세기 중엽 한국의 서원은 파당을 지어 상대 정파를 비난하고 헐뜯는 데 혈안이 되었다. 서원의 숫자는 증가했지만 극기복례의 정신과 의리는 나날이 침체했고 마침내 서원무용론까지 제기되었다. 정조와 철종 대에 서원에 대한 물질적 보조를 단절하는 서원금령이 내려지자 서원은 더욱 사당화되었다.

시대의 흐름을 외면한 사람들은 스스로 혁파의 대상이 되었다. 당시 타락한 양반사회를 꿰뚫어본 연암 박지원은 『양반전兩班傳』에서 양반을 사회를 좀먹는 존재로 풍자했다. 같은 시기 다산 정약용은 조선을 이끌어갈 주체가 양반사족이라 믿고 사회개혁의 당위성을 소극적으로 해석했다. 정약용은 수원성을 건설하면서 청나라로부터 들여온 선진 건축 공법의 실체인 실학의 정체를 정확하게 인지하면서도 정작 이를 수용하는 데에는 소극적인 태도를 보였다. 고려 말의 타락한 사회를 개혁하려 불꽃처럼 일어난 조선 성리학자들의 기개는 연기처럼 사라지고 말았다.

개항 이후 근대 교육이 도입되며 한국의 서원은 설 자리를 잃고 말았다. 농경 사회에서 산업 사회로, 육지 세력에서 해상 세력으로의 전환기에 한국의 서원은 구시대의 갑옷에 숨어 자신의 안위만을 구걸했다. 화승총과 기병으로 무장한 소수의 스페인 군대에 속수무책으로 쓰러진 아스테카와 잉카 제국처럼 조선의 양반사족들은 세상의 변화를 남의 집 불구경 하듯 바라보았다. 서구로부터 신교육이 유입된 이후에도 한국의 서원은 봉건성과 전근대성에서 벗어나지 못하고 더욱 수구적으로 낡은 성리학에 기대 구시대적 이데올로기를 재생산하며 하층민들을 억압하는 기제로 작동했다.

중국은 청나라 말기 실용적인 노선을 취해 중체서용中體西用을 활발하게 전개하며 서원을 근대 교육과 접목시키고자 적극 노력했다. 대표적으로 장지동이 설립한 광아서원廣雅書院은 중국의 혼과 서양의 과학 기술을 융합하고자 혁신을 시도했다. 그에 반해 한국의 서원은 교육의 형식과 내용에서 자생적인 근대성을 확보하기 위한 시도를 한 적이 없다. 역사의 무게를 견디지 못한 한국의 서원은 지난 백 년간 근대 교육에서 밀려나고 말았으며 국가의 원기라는 역사를 공허한 수사로 만들어버렸다.

1장

·

퇴계의 사상이 머물다

안향 선생의 **소수서원**

이황 선생의 **도산서원**

류성룡 선생의 **병산서원**

안향 선생의
소수서원 紹修書院

소나무 숲을 헤치고 다가서면
한 폭의 그림 같은 죽계 위로 서원이
앉아 있다.
소수서원은 신재 주세붕이
회헌 안향의 학덕을 기리기 위해 세운
한국 최초의 서원이다.

소나무 보호림 속에 담장을 두른 소수서원이 평지에 아늑한 모습으로 앉아 있다. 그에 비해 유식 공간은 죽계의 자연을 앞마당 삼아 자유롭게 흩어져 있다. 소수서원의 강학 공간, 제향 공간, 기타 시설들은 모두 고려시대 숙수사 주초를 이용하여 자연스럽게 배치되었다. 소수서원의 효시는 회헌 안향을 기리기 위해 신재 주세붕이 세운 백운동 서원이다. 후에 퇴계 이황에 의해 본격적으로 서원의 형식을 갖추고 소수서원이라는 명칭을 획득했다.

회헌 안향의 정신으로 소수서원을 세운 신재 주세붕

우리나라 최초의 서원인 소수서원의 원래 이름은 백운동서원이었다. 신재 주세붕이 회헌晦軒 안향(1243~1306)을 주향으로 하여 백운동서원을 세웠다. 그럼에도 다른 서원에 비해 주향자의 철학이 건축 배치와 공간에 덜 스며들어 있는데, 이는 백운동서원을 창건할 당시 안향 선생은 이미 2세기나 앞선 인물이었기 때문이다.

안향 선생은 고려 후기의 문신이자 학자로 본관은 순흥이다. 그의 호인 회헌은 주희의 호인 회암晦庵을 따라 지은 것이며, 후에 문성文成이라는 시호가 붙여졌다. 1260년(원종 1) 과거에 급제하여 교서랑과 직한림원이 되었고, 삼별초의 난 때 강화도에 억류되었다가 탈출한 후 내시원과 감찰어사를 지냈다. 그 후 판도사 좌랑, 좌부승지, 좌승지, 동지공거의 관직을 거쳤다. 1289년(충렬왕 15)에 국왕과 공주를 모시고 원나라에 가서 원의 문묘와 국자감을 둘러본 후 『주자전서朱子全書』를 베끼고 공자와 주희의 초상화를 가지고 돌아와 고려에 처음으로 신유학을 소개했다.

고려시대 인물인 안향 선생을 2세기가 지난 1543년 백운동서원에 제향한 것은 당시로서는 혁신적인 기관이었던 서원 설립을 반대하는 세력들을 무마하기 위해 이미 검증이 끝난 인물이 필요했기 때문이다. 백운동서원이 입지할 마을이 안향 선생의 고향이었고, 그가 조선에 성리학을 도입한 인물이었기에 별다른 저항은 없었다.

한국의 서원은 주세붕에 의해 처음으로 조선 땅에 뿌리내렸다. 경상남도 함안군 칠원면에서 태어난 주세붕은 27세에 급제하여 지방관직을 거쳐 승지, 대사성을 역임하고 지중추부사에 올랐다. 1541년 당시

영구봉에서 바라본 소수서원의 전경

자연 속에 위치한 소수서원은 서원 배치 원칙이 정립되기 이전에 지어져 비교적 자유롭게 흩어져 있다.

46세였던 주세붕이 풍기군수로 임명되어 안향 선생의 마을을 방문하고 서원을 구상한 것은 역사적인 일이었다.

주세붕은 삼국시대의 금동미륵반가사유상이 모셔진 초암사를 지나 죽계竹溪의 맑은 물줄기를 따라 순흥의 옛 터전을 찾았다. 순흥면은 고려시대 순흥 안씨 일족의 터전이었다. 이때 그는 400년 전 주희가 남강군 태수로 부임하여 여산의 백록동을 찾았던 고사를 떠올렸다. 주희는 이발이 숨어 살며 학문을 익혔던 백록동 옛터를 찾아 그 자리에서 주자학을 집대성했다. 이발과 주희가 자연스럽게 안향 선생과 자신으로 겹쳐졌다. 주세붕에게 안향 선생이 들여온 주자학으로 사림의 새로운 사상 체계를 세우려는 포부가 있었는지는 알 수 없다. 하지만 이 땅에 성리학의 씨앗을 뿌리려는 열망이 있었음은 확실하다.

소수서원이 위치한 공간은 고려시대 숙수사宿水寺가 있던 자리다. 안향 선생과 그의 손자까지 글을 읽던 숙수사 절터에 주세붕이 사묘를 짓고 뒤이어 서원을 세웠다. 고려시대 이래 사묘는 국가에 충절을 지킨 인물에 한하여 그 공을 기리는 의미로 세워졌다. 안향 선생은 문묘에 종사되었지만 별도의 사당은 세워지지 않은 상태였다. 주세붕은 큰 학문적 성과는 거두지 못했지만 시대를 앞서 바라보았던 그의 혜안만큼은 부정할 수 없을 것이다. 권력에 기웃거렸다든가 학문이 깊지 않았다든가 하는 비판에도 불구하고 퇴계는 주세붕이 주자학의 실천에 모범을 보였다고 칭송했다. 주세붕은 안향 선생의 사당을 짓고 서원을 세우는 일이 억사의 시작이었음을 알고 있었을까.

흉년으로 재정이 빈약한 고을의 군수가 향교를 중건하며 사당을 짓고 서원을 세우는 일은 결코 간단하지 않았다. "백성을 배부르게 한 뒤에 가르쳐야 한다"는 옛 말에 흔들리지 않고 자신의 생각을 관철할 수 있었던 것은 성리학적인 명분과 이치가 맞았기 때문일 것이다. 금나라의 침입으로 피비린내가 진동하고 흉년이 들어 배를 주리는 위기에 처했던 송나라의 정치 경제적 상황에도 불구하고 주희가 꿋꿋이 백록동서원을 지었다는 것을 사대부들도 잘 알고 있었다.

주세붕은 다음과 같이 말하며 안향 선생의 사묘 건립에 대한 소신을 굽히지 않았다. "하늘이 뭇 백성을 낳음에 사람이 사람다운 이유는 교육이 있기 때문이다. 사람에게 가르침이 없다면 아비는 아비답지 못하고 자식은 자식답지 못하여서 (…) 삼강이 무너져 인류가 멸망한 지 오래되었을 것이다. 무릇 가르침은 어진 사람을 높이는 것에서 비롯되므로 사묘를 세워 덕 있는 이를 숭상하고 서원을 세워 배움을 도탑게 하는 법이니 진실로 교육은 난리를 막고 굶주림을 구하는 것보다 급한 일이다. 아! 주자께서 어찌 나를 속이겠는가. 죽계는 바로 문성공의 고향이다. 가르침을 베풀려면 반드시 안향을 높이는 것에서부터 시작해야 한다." 이는 퇴계를 비롯한 당시 사람들의 생각과 일치했다. 특히 주세붕이 떠난 2년 뒤 풍기군수로 부임한 퇴계는 조정에 소수서원의 사액을 요구하는 등 서원 보급에 적극적으로 앞장섰다.

1543년 봄, 향교 이전을 끝낸 주세붕은 곧바로 안향 선생의 사묘 건립을 시작하고 한 달 뒤에 서원 건물을 착공했다. 이러한 실천은 상당히 치밀한 계산에서 나온 것이다. 향교 이건 때 남겨둔 재료와 재원을 활용한다는 명분으로 당시 영남감사였던 이언적과 황빈이라는 풍기 지역 선비의 재정적인 지원을 받을 수 있었기 때문이다. 이는 주자학을 체계적으로 연구한 이언적이 영남감사로 있었기에 가능한 일이었다. 마침내 1543년 2월 안향 선생의 사묘가 건립되고 8월에 서원이 완공되면서 영정이 봉안되었다.

당시 백운동서원의 규모를 정확하게 밝혀주는 자료는 전해지지 않는다. 안향 선생의 후손인 안현이 『사문입의斯文立議』에서 사묘가 3칸에 지나지 않고 서원 또한 그와 비슷하며 딸린 방만 조금 더 있을 뿐이라고 밝히고 있을 뿐이다. 지금의 명륜당明倫堂과 동·서재 및 서고를 비롯한 네댓 채에 10여 칸 정도로 짐작된다. 주세붕은 부임한 지 5년이 되던 해 성균관사성으로 임명받아 풍기를 떠나게 되었다. 백운동서원은 훗날 경상도관찰사로 부임한 안현의 재정적 지원과 퇴계의 노력에 의해 본격적으로 서원의 형식을 갖추었다.

흥미로운 사실은 백운동서원이 중국의 백록동서원에서 유래하였지만 정작 주세붕은 백록동서원에 방문한 적이 없다는 점이다. 백운동서원의 운영 규칙을 정립한 퇴계 역시 백록동서원을 찾지 않았다. 만약 거대한 규모의 중국 서원을 눈으로 직접 보았다면 우리만의 소박한 서원을 설계하기 어려웠을 것이다. 웅장하고 거대한 중국 서원에 마음을 뺏기면 그 잔상을 쉽게 벗어던질 수 없었을 테니 말이다.

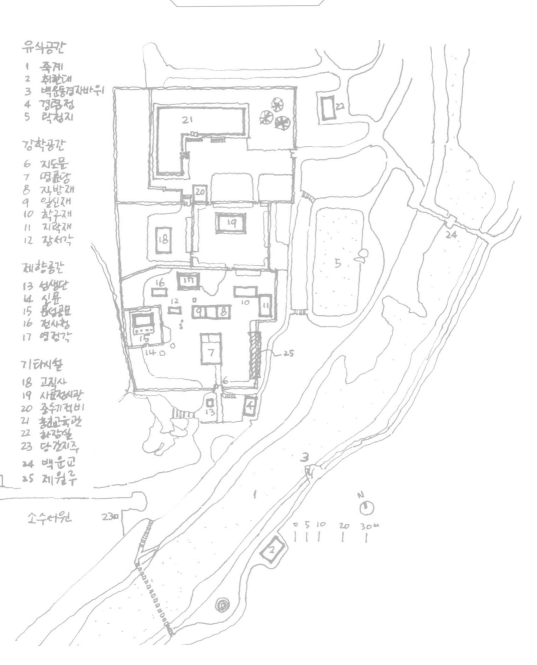

죽계를 두른 소수서원 지도

유식공간

1 죽계
2 취한대
3 백운동경자바위
4 경렴정
5 탁청지

강학공간

6 지도문
7 명륜당
8 지락재
9 일신재
10 학구재
11 지란재
12 장서각

제향공간

13 선생단
14 신문
15 통감묘
16 전사청
17 영정각

기타시설

18 고직사
19 사료전시관
20 중수기적비
21 충효교육관
22 화장실
23 당간지주
24 백운교
25 제월루

소수서원   230

0 5 10   20   30M

죽계의 자연에 안긴 소수서원

예부터 소백산 국망봉과 연화봉 사이의 비로봉 아래 사람이 사는 첫 동네가 백운동이었다. 주세붕은 이곳이 중국의 백록동에 비견되는 명당이라 믿었기에 마을 이름을 소백산 허리에 흰 구름이 머무른다는 뜻의 백운동이라 짓고 백운동서원을 지었다.

중국의 백록동서원을 품은 여산 못지않게 소백산의 기개도 빼어나다. 산이 낮고 폭이 좁아 웅장한 맛은 떨어지지만 여름철 불어난 물살이 희방폭포로 흐르는 모습이 거침없다. 조선 후기에 그 이름을 얻게 된 죽계구곡竹溪九谷이 폭포 아래 줄지어 있다. 죽계는 옛날 석륜암과 초암사 사이에 자랐다고 알려진 참대에서 유래한 명칭이나 지금은 사라지고 없다. 죽계의 물줄기는 바위 사이로 기세 좋게 흐르다 소수서원 앞에서 소沼를 이루며 드러눕는다.

소나무 숲을 가르며 걷다 보면 왼쪽 구릉 위로 서원 담 자락이 수평선을 그리고 그 위로 기와지붕이 고개를 세운다. 오른쪽에는 당간지주 한 쌍이 다소곳이 서 있다. 높이 3.6미터의 화강석 당간지주는 원래 이곳이 숙수사의 터였음을 알려준다. 평탄한 길이 왼쪽으로 곡선을 그리고 죽계 물소리가 고요함을 가른다. 죽계로 다가서자 햇살을 받아 소 위로 산 그림자가 일렁거리고, 강 건너편에는 취한대翠寒臺가 소나무 숲을 등진 채 물보라를 응시하고 있다. 산바람이 불어와 도시의 바쁜 마음을 벗기고 산 그림자를 입혀준다.

서원 입구로 다가서자 낮은 담장이 솟을대문을 세우고, 대문 오른쪽 담장 앞으로 경렴정景濂亭이 낮은 돌 기단 위에 올라타 죽계의 주인인 양 두리번거린다. 경렴정은 주세붕이 주돈이의 호인 염계濂溪에서 따와 지은 명칭이다. 자연과 더불어 호연지기를 기르라는 의미로, 주돈이를 향한 사모의 마음을 담았다. 경렴정 앞으로 세월의 풍상을 한몸에 두른 학자수가 거친 가지를 뻗는다. 한 발 다가서면 낭떠러지가 죽계에 발을 적시고 있다.

죽계 건너편으로 글자가 박힌 바위가 시선을 끈다. 주세붕이 붉은색으로 새긴 경敬 자 위에 훗날 퇴계 선생이 하얀색으로 백운동이라는 각자를 새겼다. 죽계를 떠나는 마지막 걸음이 허전하여 주세붕이 몇 번이나 망설이다 주희가 바위에 글자를 새긴 내력을 찾아내고 용기 내어 새긴 것으로 전해 내려온다. 땅의 기가 허한 곳을 실하게 채운다는 것을 의미하는 '경' 자가 말을 걸어오고, 공경한 마음을 뜻하는 '경' 자가 맑은 얼굴로 손을 내미는 듯하다. 강가에 무심하게 놓인 볼품없는 바위에 유교적 의미의 글자를 새겨넣자 바위가 죽계의 상징으로 일어섰다.

죽계의 물살에 거친 마음을 씻고 맑은 기운으로 내면을 들여다본다. "마음이 맑아야 뜻을 세울 수 있고 마음이 고요해야 뜻을 이룰 수 있다"는 제갈공명의 시가 저절로 떠오른다. 학문의 근본을 되새기라는 뜻의 경자바위와 자연의 이치를 깨닫게 하는 취한대가 나란히 죽계를 굽어본다. 사람 그림자 없는 허전한 취한대에 경자바위의 생기가 더해진 모습이다.

마루에 걸터앉는 순간 취한대가 한 쌍의 학을 품고 날아오를 듯하다. 그 느낌을 뿌리치지 못하고 당간지주 왼쪽으로 난 계단을 따라 종종걸음으로 내려간다. 산그림자에 덮여 졸고 있던 소의 물보라가 징검다리 사이로 급히 빠져나가느라 쏴! 하고 가쁜 소리를 지른다.

경자바위를 지나면 오른쪽으로는 소나무 숲이, 왼쪽으로는 죽계 변의 꽃길이 펼쳐진다. 유식과 강학, 사당이 서원 건축의 핵심이라면 죽

담장 너머 소수서원과 경렴정

소나무 숲을 걷다보면 소수서원이 왼쪽 담 자락 너머로 모습을 드러내고, 경렴정이 방문객을 맞이한다.

경자바위와 취한대

경자바위와 취한대가 나란히 죽계를 내려다보며 서로에게 생기를 더한다.

백운교와 탁청지

유생들은 서원으로 들어가는 길목에서 자연을 감상하며 마음을 가다듬었다.

계는 유생들이 거친 마음을 씻고 내면을 들여다보는 육식六識 공간이
다. 퇴계를 비롯한 많은 문인들이 이곳에서 상류로 거슬러 오르며 죽
계구곡이라 이름 붙여진 곳들을 감상하였을 것이다.

백운교를 지나 탁청지를 돌면 지락재至樂齋 담장이 나온다. 담장을
지나 제월루霽月樓 자리에 오른다. 병산서원의 만대루晩對樓를 닮았다
고 전해지는 제월루의 주춧돌은 온데간데없고 빈자리에 바람만 흐른
다. 아쉬운 마음을 다독이며 소수서원의 정문인 지도문 앞으로 다가
선다.

죽계로 손을 내미는 지도문

소수서원으로 들어서는 지도문志道門은 삼문이 아니라 한 칸짜리 쪽
문이다. 국왕이 공식적으로 인정한 한국 최초 사액서원의 대문치고는
작고 소박한 느낌이다. 그 옛날 숙수사의 당간지주가 대문이라면 지도
문은 중문처럼 서 있다.

오른쪽에는 경렴정, 왼쪽에는 성생단省牲壇(제물로 쓸 가축을 검사하는
곳)이 낮은 사각형 철책을 두르고 지도문을 호위한다. 진입축을 따라
유식, 강학, 사당 공간이 차례대로 서 있는 것이 서원의 전형적인 배치
지만 소수서원은 그 원칙에서 한 발 벗어나 있다. 이는 백운동서원이
건립되고 난 후에야 한국의 서원 배치 구조가 정립되었기 때문이다.

지도문에 들어서니 명륜당의 옆구리가 불쑥 막아선다. 댓돌이 가지
런한 진입로가 명륜당의 중앙이 아니라 맨 오른쪽 칸으로 연결된다.

지도문 너머로 보이는 명륜당

지도문은 명륜당의 중앙이 아닌 오른쪽 칸으로 이어진다. 이는 주세붕의 상상력을 담은 배치다.

명륜당의 중앙 처마에 걸린 현판이 사선으로 마중한다. 이렇게 대문의 축이 강당의 한쪽 끝으로 설정된 곳은 아홉 개 서원 중 소수서원이 유일하다. 이는 주세붕의 상상력에서 비롯된 배치로 보인다. 사당을 제일 먼저 지은 후 강당을 짓고 담장을 두른 뒤 대문을 지금의 위치에 세우면서 시선의 움직임을 배치에 담았다.

문으로 한 발 들어서니 왼쪽으로 비켜선 명륜당이 손을 내민다. 인자한 스승이 어린 유생의 손을 잡고 강당으로 이끄는 모양새다. 명륜당이 동쪽 모서리에서 서쪽으로 시나브로 모습을 드러내다 마침내 소수서원의 사당인 문성공묘文成公廟가 나타난다. 강당에서 사당으로 시선을 옮기는 과정이 마치 진리를 깨우치는 여정 같다. 제향자의 영혼을 담은 사당으로 예를 표하는 공간 배치다.

문성공묘와 명륜당, 직방재直方齋를 세우고 나서 담장과 대문을 두른 것은 옛날 그대로지만 그 후 빈 공간에 건물이 하나둘 새로이 들어섰다. 직방재와 일신재日新齋가 명륜당을 받치고 동쪽으로는 학구재學求齋와 지락재가, 서쪽으로는 장서각藏書閣과 전사청典祀廳, 영정각影幀閣이 좌우로 열을 지어 직방재를 따른다.

명륜당 동쪽 담장을 두른 화단 자리에 제월루가 서 있다고 상상하면 서원의 배치는 달라진다. 문성공묘와 명륜당, 제월루가 죽계를 향해 축을 형성하고 지도문이 제월루를 받치는 1층 기둥 사이에 섰을 것이다. 기둥 사이로 죽계의 풍광이 스미고, 누각의 지붕이 죽계 건너편 숲에 구름처럼 걸렸을 모습이 생생하게 그려진다. 제월루는 숙수사의 별루가 소실되자 이를 대신하여 그 자리에 세운 누각이다. 명륜당을 짓고 170여 년 뒤인 1719년 별루의 주춧돌 위에 10개의 기둥을 세워 2층의 제월루를 지었으나 소실되었다고 전해진다.

백운동서원이 세워진 당시는 한국의 서원 배치 구조의 전형인 전저후고前低後高(앞이 낮고 뒤가 높음)와 전당후묘前堂後廟(앞에 강당을 세우고 뒤에 사당을 세움) 형식이 정립되기 전이었다. 그래서 소수서원의 사당과 강당은 각각 남향과 동향으로 일정한 질서 없이 놓여 있다. 기록에 따르면 초기 10여 칸을 짓고 나서 주세붕이 성균관으로 영전되자 경상도 관찰사로 부임한 안현이 20여 칸을 증축했다고 한다. 설계도면 없이 시류에 맞추어 그때그때 건물을 추가하다 보니 오늘날의 자유로운 배치가 탄생했다. 소수서원은 배치가 일정하지는 않지만 알 수 없는 아늑한 분위기를 자아낸다.

안향 선생은 13세기 인물이라 사상적으로 서원 공간을 지배하지 못했다. 서원을 세운 주세붕이 안향 선생에게 직접 가르침을 받았더라면 명륜당의 이름도 그의 사상을 함축하는 글자로 바뀌었을 것이다. 일반적으로 제향자의 사상은 서원 건축의 배치와 공간을 풀어내는 열쇠지만 안향 선생은 2세기나 앞선 인물이었다.

한지 창문으로 햇살이 구르는 명륜당

서원의 중심에 우뚝 서서 남북으로 팔작지붕을 길게 펼치고 있는 명륜당을 한 바퀴 돌아본다. 낮은 기단 위에 올라탄 명륜당은 단아한 모습이다. 남쪽에서 바라본 명륜당은 3칸의 건물 위로 완만한 곡선의 삼각지붕을 갓처럼 눌러쓰고서 도포 자락을 펼친 듯하다. 지나치게 높지도 낮지도 않은 기단 위에 4개의 기둥이 있고, 그 속에 안긴 여닫이창은 어머니의 품처럼 아늑하다.

명륜당 전경과 내부

명륜당은 9곳 서원 중 유일하게 한지 창문을 둘렀다. 내부에는 유생들에게 전하는 가르침을 담은 현판이 빼곡하다.

1543년 준공된 명륜당은 다른 서원의 강당과 그 모습이 다르다. 3×3칸의 정사각형 대청마루가 북측의 온돌방을 제외한 동쪽, 서쪽, 남쪽 방향으로 한지 창문을 두르고 있다. 정사각형 강당 마루에 한지 문짝을 두른 곳은 소수서원이 유일하다. 동쪽의 창문으로 햇살이 내려앉으면 문살에 강한 음양이 새겨지고 흐릿한 창문이 조금씩 빛으로 물들어 실내 공간이 밝아진다. 명륜당의 대청마루는 하루의 시간을 알려 주는 해시계와도 같다.

여닫이문을 열자 죽계의 자연이 강당으로 얼굴을 들이민다. 낮에는 죽계의 물소리와 솔향기가 담장으로 기웃거리고 밤에는 은은하게 빛나는 강당의 불빛이 죽계로 흘러 들어갔을 것이다. 명륜당은 죽계의 자연을 받아들이고 뿜어내며 숨쉬는 생명이었다.

북쪽 온돌방 벽의 상부에는 사액현판과 백록동규, 사물잠, 경제잠, 숙흥야매잠 등 유생들을 훈육하는 현판이 빼곡하다. 남쪽 처마 아래에는 백운동이라는 현판이, 강당 내부 온돌방 보 아래에는 소수서원이라는 현판이 걸려 있다.

창문 밖의 모서리 추녀 아래로는 활주를 세우고 기둥 선 밖으로 쪽마루를 둘렀다. 이는 다른 서원의 강당에서는 볼 수 없는 평면 구조다. 서책을 읽다 한지 창문을 열고 쪽마루로 나와 죽계의 바람과 물소리로 탁한 마음을 씻었을 옛 유생들의 모습이 그려진다. 강당에 설치한 쪽마루는 창건 당시 부족했던 유식 공간을 배려한 것으로 보인다.

한 가지 특이한 점은 쪽마루로 오르는 계단이 서쪽에만 없다는 것이다. 이는 방향은 사당 쪽으로 열되 예를 갖추기 위해 출입은 통제한 것으로 보인다. 원장이 기거하는 온돌방에 딸린 작은 마루를 사당 쪽으로 열었다는 데서 제향자의 정신을 항상 받들어 모시겠다는 의지가 엿보인다. 명륜당은 공간적으로는 동향이지만 축은 남향이고, 정신적으로는 서향이며 기능적으로는 일신재와 학구재와 연결되어 있다. 명륜당은 안향 선생의 학덕을 사방으로 퍼뜨리는 사상의 등불과도 같다.

명륜당을 받들어 모시는 직방재

명륜당 북쪽으로는 직방재와 일신재가 일자 모양으로 길게 앉아 부속 건물을 좌우에 두르고 명륜당을 병풍처럼 받치고 있다. 건립 연대는 정확하지 않으나 유림들의 기숙사로 쓰인 것으로 추정된다. 직방재의 편액은 퇴계가 쓴 것을 모각한 것으로 경건함으로 내면을 곧게 유지하고 의리로 외면을 바르게 한다는 뜻이다. 좌우 2칸은 온돌방으로 만들고 기둥 밖으로 마루를 한 자 정도 밀어 누각을 키웠다. 가운데의 2칸짜리 방은 기둥 선에 맞추어 벽을 두르고 양여닫이문을 달았다.

직방재 오른쪽에 붙어 본래 곁방으로 두었던 공간은 1804년 확장하여 일신재라는 현판을 새로 걸었다. 반쪽짜리 건물로 명륜당을 어설프게 받치고 있던 직방재가 250년 만에 일신재를 만나 긴 팔작지붕 아래 온전한 건물이 되었다. 일신재가 완성되고 난 후에야 지도문과 명륜당, 직방재와 일신재가 축에 맞추어 온전한 비례로 연결되었다.

진입 계단은 건물 중앙에서 오른쪽으로 비켜나 오른쪽 문으로 이어진다. 이는 지도문에서 명륜당을 지나 직방재로 이어지는 축선을 동일하게 하여 사당에 예를 표하기 위함이다. 직방재와 명륜당이 비슷한 시기에 하나의 얼개로 지어졌음을 짐작하게 해준다.

일신재 동쪽 죽계 변에는 어린 유생들의 공부방인 동몽재童蒙齋가

직방재와 일신재 반쪽짜리 건물이었던 직방재가 우측의 일신재를 만나 비로소 하나의 건물로 완성되었다.

학구재와 지락재 학구재 건물 중앙으로 풍경이 걸리고, 지락재는 죽계로 열려 자연과 소통한다.

장서각 유생들의 도서관이었던 장서각은 창건 당시 500여 권의 장서를 소장했다.

있는데, 오늘날에는 재사로 사용되고 있다. 1730년 동몽재가 폐지되자 주희의 학구성현學求聖賢과 지락재를 합쳐 학구재라는 현판을 새로 달았다. 호박돌로 기단을 만든 정면 3칸 측면 1칸의 작은 건물 중앙에 손바닥만 한 풍경이 걸린다.

학구재의 동쪽으로 지락재가 담장에 어깨를 걸치고 있다. 북쪽 1칸 은 온돌방이며 동쪽 2칸의 대청마루는 죽계로 열려 유생들의 눈과 귀 를 씻어준다. 강당이 마당을 앞세우고 좌우에 동재와 서재를 거느리는 일반적인 서원 배치와 달리 소수서원에서는 동재 지락재와 서재 학구 재가 강당인 명륜당과 떨어져 자연스럽게 배치되었다.

영정각 안향 선생 외 여섯 분의 영정을 모셨다. 우측에 당시의 해시계였던 일영대가 보인다.

　　직방재 왼쪽으로 1819년 지금의 자리에 옮겨 지은 장서각은 2칸짜리 한옥 건물이다. 창건 당시 500여 권의 장서를 소장했다는 장서각은 좌우지선左右至善(좌우의 방향 중에서 더할 나위 없이 좋은 곳)의 예를 따라 으뜸자리에 세운다고 하여 직방재 서쪽에 남향으로 서 있다.

　　영정각은 국보로 지정된 안향 선생 외 여섯 분의 영정을 보관하기 위해 1975년 단청 마감으로 지었다. 이원익과 주세붕이 좌우에서 중앙의 주희와 안향 선생을 호위하는 모양새다. 영정각 앞에는 그림자로 시간을 알려주던 일영대日影臺가 놓여 있다. 당시 사람들은 자연석 주춧돌 위에 둥근 문지도리석을 두고 막대기를 세워 시간을 가늠했다.

영정이 사라진 문성공묘

강당 서쪽으로 1543년 세워진 문성공묘가 홀로 앉아 있다. 정면 3칸 측면 3칸에 맞배지붕을 한, 주세붕이 소수서원에서 가장 먼저 세웠다는 건물이다. 안향 선생을 주벽으로 좌우에 안축, 안보 형제와 주세붕의 위패가 모셔져 있다.

서원 건립 초기에는 위패 대신 안향 선생의 영정을 벽에 걸어 놓았다. 고려 후기 원나라 화공이 그렸다는 초상화는 순흥에 보존되었으나 상왕 복위 사건으로 순흥부가 폐지되며 서울 종손의 집에서 보관했다. 안향 선생이 죽고 237년 후에 사묘가 세워지자 영정이 순흥을 떠난 지 87년째 되던 해에 고향으로 돌아왔다. 영정이 봉안된 후 10여 년이 지난 1559년(명종 14) 훼손된 것을 조정의 명으로 다시 그린 것이 오늘날 국보 제111호인 회헌 안향의 영정이다. 다른 사묘들과 달리 신주가 아닌 영정을 모신 까닭은 가묘에 이미 신주를 모셨기 때문에 다른 신주를 모실 수 없다는 원칙 때문이었다. 중국 또한 문묘에 흙으로 빚은 소상이나 영정을 봉안하다가 명대에 이르러 위패로 바꾸었다. 안향 선생의 영정은 1592년 임진왜란이 발발하자 초암사에서 보관하였으며 조선 말에는 도동각에 모시다 1975년 지금의 영정각을 신축했다. 오늘날 영정이 사라진 사당에는 위패가 그 자리를 대신한다.

현재 영정각에 모셔진 온화한 얼굴에 눈매가 유달리 빛나는 안향 선생의 영정에서 소수서원의 사상이 엿보이는 듯하다. 수 세기를 질긴 생명력으로 견뎌낸 소수서원은 사람의 정성과 세월이 함께 키워낸 것이다. 자연스럽게 서 있는 소수서원의 품이 오래된 느티나무의 그늘처럼 한없이 아늑하게 느껴진다.

문성공묘 내부 초기와 달리 영정이 아닌 안향 선생의 위패가 모셔져 있다.

영정각 내부 영정각에 모셔진 주희(좌측)와 안향 선생(우측)의 영정.

문성공묘(사당) 소수서원에서 제일 먼저 세워진 건물로 명륜당 서쪽에 홀로 앉아 있다.

주세붕의 풍류가 흐르는 도동곡

소수서원 향사에는 독특한 형식의 도동곡道東曲이 불린다. 도동곡은 중국의 유학이 안향 선생에 의해 조선으로 보급된 것을 기리고자 주세붕이 1541년 경기체가 형식으로 지은 것이다. 춘추향사에서 세 헌관이 잔을 올릴 때마다 초헌, 아헌, 종헌으로 구분된 도동곡을 나누어 부른다. 이는 다른 서원에는 없는 소수서원만의 독특한 풍경이다. 종묘와 문묘를 제외하고 향사에 노래가 불리는 것은 소수서원이 유일하다.

다음은 도동곡 9장의 마지막 구절이다.

> 삼한 천만년에 참된 유학자를 내리시니 소백산이 여산이요
> 죽계수가 염수(여산의 계천)로다.
> 학교를 일으키고 도를 보위함은 작은 일이겠지만
> 주자를 높이 모신 그 공이 크시어 우리나라에도 도가 전해졌으니
> 그 광경 어떠하오. (중략)

초헌, 아헌, 종헌관이 안향 선생의 신위 전에 헌작한 후 젊은 유생 세 명이 번갈아가며 도동곡에 익숙한 장로 한 명과 마주서서 부른다. 이는 도동곡을 전승하기 위함이다. 총 9장으로 이루어진 도동곡은 유학의 연원과 그 실천법, 공자와 주희의 도학을 밝히고 안향 선생에 의해 주자학이 우리나라에 들어오게 된 것을 찬양하는 내용이다.

오늘날 사용하는 홀기笏記에 악정이라 하여 그 순서를 밝히고 있다. 초헌례에서 축관이 축문을 읽고 나면 도동곡 초장(1-3장)을, 아헌례에서 안향 선생의 신위에 술을 따른 다음 중장(4-6장)을, 종헌례에서 안

도동곡 소수서원은 9곳 서원 중 유일하게 향사에 노래가 불린다.

향 선생의 신위에 다시 술을 따른 후 종장(7-9장)을 부른다. 도동곡은
총 3막으로 구성된 한 편의 뮤지컬을 연상케 한다. 진행자와 동참하는
사람 모두가 의식을 공간적으로 음미할 수 있다. 혼이 술을 드시는 사
이의 정적을 찬양가로 채우는 것은 죽음의 공간과 삶의 공간을 음악
으로 하나 되게 하는 것이다.

초기 서원이 내세운 선비의 덕목 중에 하나는 글자의 자구에 빠지
기보다는 수양을 통하여 스스로 더 나은 인재로 거듭나는 것이었다.

●   한국서원연합회 이해준 외, 『한국의 서원 유산 1』, 문사철

성리학이 자칫 딱딱하고 관념적으로 흐르는 것을 방지하기 위해 학문의 공간에 유식 공간을 넣은 것이라면, 엄숙하게 진행되는 향사에 도동곡을 넣은 것은 가슴으로 안향 선생을 찬양하기 위함일 것이다. 죽계 변에 정자를 짓고 평범한 바위에 글자를 새겼던 주세붕의 풍류가 도동곡을 타고 흐르는 듯하다. 도동곡은 원래 밤에 부르는 것이었으나, 오늘날에는 일반인들의 참여를 유도하기 위해 아침에 향사를 진행한다고 한다.

성리학의 보급을 알리는 사상의 횃불

충효교육관과 사료전시관을 둘러보고 명륜당 처마 아래 선다. 소수서원은 한국 최초의 서원이라는 프레임의 덕을 보고 있다는 생각이 든다. 배치 규정을 따르지 않은 데다 주세붕의 학문적 성과가 높지 않고, 안향 선생의 사상도 공간에 제대로 스며들지 못했기 때문이다.

1543년 문성공묘와 명륜당을 짓고서 반쪽짜리로 남아 있던 직방재에 1804년 일신재를 붙여 건물을 완성시켰다. 이는 건물을 증축한다는 의미를 넘어 학문의 축을 완성시키겠다는 의지의 표현이었다.

직방재와 일신재가 완벽한 비례로 자리하며 어눌했던 서원의 배치가 마침내 자리를 잡았다. 서원의 중심축에서 문성공묘만 홀로 서쪽으로 떨어져 있지만 전체적으로 위계를 갖춘 모습이다. 소수서원의 자연스런 배치에 고개가 끄덕여진다.

명륜당은 사방으로 쪽마루를 열었다. 이는 다른 서원에서는 볼 수 없는 조망이다. 낮에는 햇살이 한지 창문을 통해 맑은 기운을 불어넣고, 밤에는 명륜당의 불빛이 세상으로 퍼져나갔다. 안향 선생의 사상이 세상으로 퍼져나가 성리학이 한반도에 자리잡기를 바라는 염원을 담은 것이다. 이렇게 명륜당은 형태적으로도 기능적으로도 서원의 중심 역할을 하고 있다.

소수서원은 서원이 조선의 새로운 학문의 전당으로 자리 잡았음을 알리는 사상의 햇불이었다. 서원 앞에 서니 오랜 풍파에도 꺾이지 않고 살아남은 질긴 생명력이 손에 잡힐 듯하다. 숙수사 절터의 주춧돌을 옮겨가며 그때그때 시류에 맞추어 세운 건물이지만 서원의 정신만은 지금까지도 이어지고 있다.

명륜당은 사방으로 나 있는 쪽마루로 세상과 교감했다. 석양빛이 방금을 알리는 시상의 행복이었다.

이황 선생의
도산서원 陶山書院

평생 자연을 아끼고 사랑한
퇴계 이황이 직접 설계도면을 그리고
지은 것이 도산서당이다.
퇴계 사후 도산서원으로 확장되었다.

도산서원은 퇴계가 생전에 직접 지은 도산서당과 농운정사, 퇴계 사후에 지은 도산서원이 융합된 이원구조의 배치를 이룬다. 도산서당은 자연관이 개방된 반면 도산서원은 담장으로 막혀 자연으로 흐르는 시선축이 차단된다. 이것이 도산서원의 첫 번째 비밀이다. 그럼에도 도산서당과 도산서원은 교묘하게 서로의 역할을 수행하며 하나로 융합되어 있다. 퇴계가 자신의 생각을 접고 또 접어 지은 도산서당은 작지만 옹골차고, 볼수록 치밀하다.

이 땅에 서원을 정착시킨 퇴계 이황

퇴계退溪 이황(1501~1570)은 정자와 주희가 체계화한 성리학을 독자적인 조선 성리학으로 발전시키고 이理를 중시하는 이기이원론을 완성했다. 이를 모든 존재의 생성과 변화를 주재하는 최종적인 우주의 본원이자 본체로서 규정하고, 현상계의 기氣를 실재로서의 이로 파악했다. 그의 학문과 사상은 류성룡, 조목, 김성일로 이어지고 이익과 정약용에게 영향을 미치며 조선 성리학의 대통을 이루었다. 그는 성리학의 질서를 이해하되 그것을 뛰어넘었다.

이황 선생은 교화의 대상을 일반 백성으로 설정하고, 이를 위해서는 백성을 이끄는 선비가 풍속과 관습을 제대로 잡고 학문을 올바르게 실천해야 한다고 주장했다. 이는 지도자의 솔선수범을 강조한 서구의 노블레스 오블리주와 닮았다. 이황 선생은 백성을 교화하고 선비가 모범을 보이는 실천 도장으로서 중국의 서원 제도를 우리나라에 정착시키고자 했다. 이것이 그가 생각한 서원의 필연성과 존재 이유였다.

주세붕이 소수서원의 전신인 백운동서원을 만들었지만 이는 어디까지나 사묘 위주였으며 서원은 다만 유생들이 공부하는 건물에 지나지 않았다. 이황 선생은 이에 한 발 더 나아가, 풍기군수에 임명되자마자 백운동서원에 대한 사액과 국가 차원의 지원을 요구하며 서원을 공인 기관으로 정착시키고사 했다. 그는 관식에서 물러난 뒤에도 고향 예안에서 역동서원 설립을 주도하는 등 10여 곳의 서원 건립에 참여했다. 그는 유생들의 장수처로서의 강학 공간과 제향 공간인 사당으로 구성된 이원적인 서원 체제를 정비하고 학습과 운영 방안에 대한 세부 규정을 정리했다. 특히 중국에서 들어온 서원이 한국의 실정에 맞

퇴계종택 전경

이황 선생이 머물렀던 종택은 조용히 삶을 관조했던 그의 삶처럼 소박하고 단정하다.

게 제도적으로 정착하는 데에 정성을 쏟았다. 이황 선생의 노력 덕분에 한국의 서원은 자체적인 교육 기관으로서 운영될 수 있었다.

『퇴계선생언행록退溪先生言行錄』에 따르면 그는 언제나 조용히 삶을 관조하며 부드러우면서도 장중한 태도를 지녔다고 한다. 새벽에 일어나면 향불을 피우고 고요히 앉아 책을 읽었다. 온종일 책을 읽다가 생각에 잠기기도 하고 시를 읊조리기도 했다.

그는 선배 유학자의 학설을 연구함으로써 성현의 본뜻을 알고 천지의 이치를 끝까지 찾고자 했다. 끊임없이 생각하고 밝게 분별하여 사물의 미세한 것에서부터 천지만물의 변화에 이르기까지 가장 깊은 데까지 궁리하고 가장 정밀한 데까지 분석하여 마침내 환하게 꿰뚫고야 말았다.

그러면서도 이황 선생은 한번도 아득하거나 뜬구름 잡는 식의 사색과 논의는 하지 않았다. 그는 일상과 가까운 사례를 들어 깨우친 바를 알기 쉽게 설명하고 생활의 절실한 것을 표준으로 삼으며 반드시 몸으로 실천하고자 노력했다. 그는 자연에 숨어 도피하거나 일탈하는 자들과 무릉도원을 찾는 자들의 몽환을 꾸짖었다. 산줄기를 타고 흐르는 안개와 노을에 취해 현실을 잊으려는 사람들을 불쌍히 여겼다. 그는 인생의 주인으로 살기 위해 평생 깨어 있는 삶을 살았다. 자연의 생기에 마음을 열고 용기를 발견하여 스스로 의지의 등불을 지폈다. 그 등불을 들고서 현실의 질곡으로 저벅저벅 걸어갔다.

이황 선생은 멀리 풍기의 소백산까지 제자들을 데리고 다니며 산수의 의미를 가르쳤다. 그는 평생 제자와 인격적으로 교류하고자 했다. 그는 천명을 깊이 이해하고 구속 없이 자유롭게 노니는 정신에 도달하는 것을 교육의 궁극적인 목표로 삼았다. 이는 일반 사람들이 쉽게 이를 수 있는 경지는 아니다. 하지만 그렇다고 해서 무위자연을 바라거나 현실을 부정하며 초월적인 세계를 꿈꾼 것은 아니었다. 그가 지목한 서원 교육의 궁극적인 목적은 인간의 실체를 인정하고 욕망을 조절하여 인간다운 삶을 실천하는 것이었다.

이황 선생의 사상이 대중의 사랑을 받는 이유는 이러한 보편적인 가치에 있을 것이다. 그의 학문은 현실의 삶에 뿌리를 내리고서 미래로 흘러가는 강줄기였다. 그는 매일 쉬지 않고 흐르는 강물처럼 자신의 천명을 받아들이며 겸손하게 실천하는 삶을 살았다. 조선의 유학, 성리학, 서원에 담긴 선비의 사상은 극기복례를 통하여 배움과 삶이 분리되지 않도록 노력하는 것이었다.

퇴계의 평생을 요약한 **자명**

도산서원 선비문화수련원을 지나면 왼쪽 능선 솟을대문 뒤로 정면 6칸 측면 5칸의 퇴계종택이 석축 위에 둥근기둥과 네모기둥을 세우고 있다. 안채 오른쪽으로 보이는 추월한수정秋月寒水亭은 정면 5칸 측면 3칸의 팔작지붕 건물이다. 건물의 내력은 18세기 초로 거슬러 오른다. 이황 선생이 손수 지은 한서암寒棲庵 남쪽에 후손인 동암東巖 공이 대를 이어 살았다. 1714년 도산서원 원장 창설재 권두경이 계당서당과 한서암이 허물어진 것에 마음 아파하며 이듬해 추월한수정을 짓고서 이황 선생의 사상이 출발한 곳이라는 뜻으로 도학연원방道學淵源坊이라 이름 지었다. 추월한수정은 추월조한수秋月照寒水에서 따온 것으로, 가을 달빛이 차가운 물을 비추고 있다는 의미다. 10대 후손인 고계古

추월한수정 티끌 하나 없는 선비의 마음을 가을 달빛이 차가운 물을 비춘다는 뜻의 추월한수정에 녹여냈다.

溪 공이 새로 짓고 살던 집이 왜병이 저지른 방화로 소실되자 13대 후손 하정霞汀 공이 주변 주택들을 매입하여 지금의 자리에 지었다.

20세기 초 새로 지어진 종택은 안채와 사랑채 그리고 사당채로 구성된 전형적인 경북 지방의 종가다. 오늘날 추월한수정의 대청마루에서는 퇴계 종손이 노구를 이끌고 어린 학생들에게 이황 선생의 사상을 설명하고 계신다.

퇴계종택 앞 정원에 놓인 검은 돌에 자명이 새겨져 있다. 이황 선생

퇴계종택 자명 이황 선생의 평생이 96자의 글에 간명하게 새겨져 있다.

의 평생을 요약해놓은 글이 자명이다. 그의 삶은 읽을수록 소박하고 단순하다.

自銘 자명

生而大癡 壯而多疾 나면서부터 크게 어리석었고, 자라면서 병도 많네
中何嗜學 晩何叨爵 중년에 어찌 학문을 좋아하였으며, 만년에 어찌
외람되이 벼슬이 높았던가!
寧知來世 不獲今兮 어찌 내세를 알겠는가, 이 세상도 알지 못하거늘

憂中有樂 樂中有憂 근심 속에 즐거움이, 즐거움 속에 근심이 있네

乘化歸盡 復何求兮 저세상으로 떠나며 이생을 마감하니, 여기 다시

무엇을 구할 소냐

(중략)

생을 마감하기 직전, 그의 모든 사상과 철학을 4언 24구 96자로 간명하게 적어 넣은 자명이 돌 위에 살아 꿈틀거린다.

달팽이 초막 계상서당

이황 선생을 이해하는 가장 쉬운 방법은 그의 무덤과 계상서당溪上書堂, 도산서당陶山書堂을 보는 것이다. 이곳에 이황 선생의 삶과 죽음이 전시되어 있기 때문이다. 그는 고향에 계속 머무르기 위해 임금에게 무려 40여 차례 사직서를 보내며 평생 작은 개울이 흐르는 고향 산천에 살았다. 그가 도학적인 경지로 지은 도산서당은 이러한 그의 정신을 닮아 소박하고 검소하다.

종택을 나와 토계兎溪로 다가서면 산비탈로 손바닥만 한 건물 세 채가 보인다. 3동 중에서 제일 높은 곳, 조금 큰 건물이 계상서당일까 싶지만 그 아래 1칸짜리 달팽이 초막에 계상서당이라는 현판이 걸려 있다. 가슴이 무너지고 말문이 막힌다. 조선 최고의 학자가 기거한 서당이 이토록 작고 초라하다니. 방 한 칸에 처마를 달고 쪽마루를 설치한 것이 전부다. 계상서당 앞으로는 작은 개울인 토계가 흐른다. 이황 선

한서암, 계상서당, 계재
가장 위에 있는 건물이 한서암이고 왼쪽이 계상서당이며, 오른쪽이 계재다.
이황 선생이 머물렀던 계상서당은 손바닥만 한 건물 중에서도 가장 작고 소박하다.

계상서당 이황 선생은 작고 허술한 계상서당에서 제자들을 가르치며 자신의 이상을 펼쳤다.

생은 토계라는 이름이 세련되지 못하다 하여 '토兎'를 '퇴退'로 고치고 자신의 호로 삼았다.

계상서당은 도산서당 이전 이황 선생의 삶을 느낄 수 있는 곳으로, 그가 앉은 자세로 죽음을 맞이한 곳이기도 하다. 그는 전국 각지에서 몰려드는 제자들을 받아들이기 위해 계천 위에 계상서당을 지었다. 이황 선생은 이곳에서 어린 유생들을 가르치며 천지의 기강을 바로잡고 세상을 변화시키고자 했다. 온돌조차 깔지 않은 허술한 서당에서 돌평상과 부들자리를 깔고 거처하며 동쪽으로는 제자들이 숙식하는 2칸짜리 숙소 계재溪齋를 두었다. 또 집 앞에 광영당光影塘이라는 방당

계재 제자들이 숙식했던 계재 또한 소박한 모습이다.

方塘을 파고, 연을 심고, 석문을 세우고, 사립문을 달고 외나무다리를 놓았다. 그는 정원에 심은 송, 죽, 매, 국, 연과 자신을 포함하여 육우六 友라 불렀다.

오늘날의 계상서당은 이황 선생 탄생 500주년을 기념하여 복원해 놓은 것이다. 언덕 꼭대기에 3칸짜리 집이 서 있고, 한서암이라는 현판 이 걸려 있으나 사실 한서암은 지금의 자리가 아니라 퇴계종택 동북 쪽 팻말이 걸린 곳에 있었다. 이황 선생은 하계를 벗어나 상계 서쪽에

● 한국서원연합회 이해준 외, 『한국의 서원 유산 1』, 문사철

한서암 한서암에는 제자들을 가르치며 조용히 살고자 했던 이황 선생의 소망이 담겨 있다.

새로 집을 짓고 살며 그곳을 한서암이라 불렀다. 한서암은 한서寒棲,
'가난한 집'과 유거悠居, '조용히 살다'를 합한 것으로, 제자들을 가르치
며 조용히 살고자 했던 그의 소망이 담겨 있다. 기록에 의하면 한서암
은 안방, 정습당靜習堂, 부엌으로 구성된 3칸짜리 집이었다고 한다. 한
서암의 실내에서 보이는 것이라곤 질그릇 대야, 부들자리, 칡 미투리,
대지팡이, 실허리띠가 전부다.

　이황 선생은 도산서당이 완성된 뒤에도 계상서당으로 왕래하며 이
곳에 기거했다. 계상서당은 천 원짜리 지폐 뒷면에 그려진 곳으로도
유명하다. 하지만 건축역사학자 이상해 박사에 따르면, 천 원짜리 뒷면

에 사용된 겸재의 그림은 사실 계상서당과 도산서당이 합쳐진 것이라고 한다. 강과 강에서 올라가는 자연 풍경은 도산서당의 경관과 일치하지만 그림의 이름은 계상서당이기 때문이다. 이곳에서 23세의 율곡 이이와 58세의 퇴계 이황이 3일 동안 학문을 논했다.

태양과 달을 벗 삼아 유유자적 퇴계의 무덤

계상서당을 뒤로 하고 토계변으로 이어진 도로를 따라 동쪽으로 내려가면 하계마을이 나타난다. 이황 선생은 마흔여섯 살 되던 1545년 낙향하여 건지산 남쪽 기슭에 양진암養眞庵을 지었다. 현재 원래 양진암이 있던 자리, 이황 선생의 무덤으로 오르는 풀숲에는 검은 비석이 비뚤게 박혀 있다. 작은 목책 계단을 따라 꼬불꼬불 능선을 따라 오르면 이황 선생의 며느리 봉화 금씨 무덤이 마중한다. 며느리의 무덤 오른쪽으로 난 계단을 올라 왼쪽으로 고개를 돌리는 순간 산등성이에 바람을 안고 누워 있는 이황 선생의 무덤이 보인다.

　풍수에서 말하는 명당은 북쪽으로 산을 병풍처럼 두르고 좌우로 낮은 산을 품으며, 그 앞으로 시원하게 뚫린 들판에 강줄기가 흐르고 낮은 산이 앉아 있는 곳이다. 그러나 이황 선생의 무덤은 명당과는 거리가 멀다. 날카로운 산줄기 위에 혼자 햇빛을 두르고 들판을 굽어보며 칼바람을 맞고 있다. 그의 무덤 오른쪽으로 자명이 새겨진 비석만이 홀로 선 모습이다. 삼각 비수碑首에 영기가 날아다니며 그 중앙에 조각된 태양은 무덤을 향하고, 그 뒤(동쪽)에는 달이 조각되어 있다. 생

이황 선생의 무덤으로 오르는 길

(1) 양진암이 있던 자리에 박힌 비석 (2) 이황 선생의 며느리묘 (3) 이황 선생의 무덤

(4) 무덤가 비석에 새겨진 해 (5) 무덤가 비석에 새겨진 달

의 모든 짐을 내려놓은 이황 선생이 해와 달을 벗 삼아 유유자적하는 듯하다.

이황 선생은 죽기 나흘 전인 1570년 음력 12월 4일, 병세가 위독해지자 조카 영宁을 불러 다음과 같이 당부했다고 한다. "조정에서 예장禮葬을 하려거든 사양하라. 비석을 세우지 말고, 단지 조그마한 돌을 구해 앞면에는 '도산에서 물러나 말년을 숨어산 진성 이씨의 묘退陶 晚隱 眞城李公之墓'라고 새기고, 뒷면에는 향리와 세계, 지행, 출처를 간단히 쓰고, 내가 초를 잡아둔 명銘을 쓰도록 하라."⁎

당시 이황 선생은 종1품 정승의 지위에 있었기에 사후 예조에서 도감을 설치해 예를 갖춰 장례를 치르게 되어 있었음에도 유언을 남겨 이를 사양한 것이다. 그의 묘비에는 평생을 96글자로 간명하게 정리한 자명이 새겨져 있다. 그는 제자나 다른 문인들이 실상을 지나치게 미화해 장황하게 쓸 것을 염려하여 스스로 명을 남겼다.

⁎　한국서원연합회 이해준 외, 『한국의 서원 유산 1』, 문사철

자연의 흥취와 하나 되는 도산서당

계상서당이 좁아 제자들을 더 이상 받을 수 없게 되자 제자 금응훈 등이 별도의 서당을 세우자고 간청했으나 이황 선생은 마땅치 않아 하며 거절했다. 그러다 도산에 터를 보고 다시 요청하니 그 터를 흡족히 여겨 1560년에 도산서당을 지었다. 당시 이황 선생의 심정을 담은 시 중 한 편이 다음과 같이 전해온다.

비바람 치는 계상서당 책상 하나 못 가릴 제
좋은 곳에 옮겨 보려 숲속 두루 찾았더니
어찌 알았으랴 백년 장수藏修할 땅이
나물 캐고 고기 낚던 그 곁에 있을 줄이야 (중략)

유네스코 세계문화유산 목록에 등재 신청한 9개 서원 중에 제향자가 손수 짓고 생활한 곳은 도산서당이 유일하다. 그는 계상서당에서 도산서당으로 이르는 고갯길에 제자들을 데리고 다니며 자연의 의미를 가르쳤다. 무덤과 계상서당이 이황 선생의 사상을 비춘다면 도산서당은 그의 일상생활을 전시한 박물관이다. 이황 선생은 이곳에 도산서당을 세우며 자신의 마음을 「도산잡영」에 이렇게 적었다.

• 한국서원연합회 이해준 외, 『한국의 서원 유산 1』, 문사철

처음에 내가 토계 위에 자리를 잡고 시내를 굽어 두어 칸 집을 얽어서 책을 간직하고 옹졸한 성품을 기르는 처소로 삼으려 하였는데, 벌써 세 번이나 그 자리를 옮겼으나 번번이 비바람에 허물어졌다. 그리고 그 시내 위는 너무 한적하여 가슴을 넓히기에 적당하지 않았기에 다시 옮기기로 하고 산 남쪽에 땅을 얻었던 것이다. (중략)

오늘날 방문자들은 주차장에서 포장길을 따라 도산서원으로 걸어간다. 그러나 이 길은 1970년대 안동댐 건설 이후 성역화사업으로 새로 닦은 길로 이황 선생이 걷던 오솔길이 아니다. 이황 선생이 도산서당으로 걸어간 길은 열정冽井 남쪽 곡구암谷口巖으로 통하는 길이었다. 그는 안동에서 예안을 거쳐 분천마을을 지나 낙동강 서쪽 강변길을 따라 곡구암으로 올랐으나 현재는 수몰되어 그 원형을 알 수 없다. 수몰된 곳을 돋우어 남겨둔 것이 강 건너의 시사단試士壇이다.

이황 선생은 도산서당 앞으로 흐르는 강줄기를 따라 눈에 밟히는 곳마다 이름을 붙이고 칠언시 열여덟 편, 오언시 스물여섯 편을 지어 자신의 마음자리를 그렸다. 그는 곡구암 동쪽에 정자를 지으려다 힘이 모자라 만들지 못하고 자리만 보존해 두었다고 적었다. 엄밀히 말하면 만들 수 없었던 것이 아니라 만들지 않았다는 의미일 것이다. 얼마든지 더 크고 화려하게 지을 수 있었을 텐데도 이황 선생은 도산서당을 소박하게 지었다. 그는 천인합일, 천인동구天人同構의 사상으로 최소한의 공간으로 자연과 소통했다. 도산서당은 계상서당의 평면과 형태가 조금 크게 확장되었을 뿐이다.

오늘날 도산서원으로 향하는 포장도로 현재의 길은 성역화사업으로 새로 닦은 것으로, 이황 선생이 실제로 걷던 길은 아니다.

　이렇게 도산서원은 이황 선생이 손수 세운 도산서당과 훗날 제자들이 건축한 도산서원으로 나뉜다. 배치도를 살펴보면 도산서당과 농운정사隴雲精舍는 적당히 떨어져 자연스럽게 배치되었지만 상부의 도산서원 영역은 축을 따라 질서정연하다. 이황 선생 생전과 사후의 이원배치 구조를 갖춘 서원 경관은 전형적인 전저후고의 형식을 따른다.

　도산서당을 지은 건축가는 누가 뭐래도 이황 선생이며 그의 손길이 서당 곳곳에 남아 있다. 경주 독락당獨樂堂이 이언적 선생의 작품이라면 도산서원은 이황 선생의 작품이다. 옥산서원玉山書院이 독락당에 미

│시사단 본래 이황 선생이 도산서당으로 걸어갔던 길은 수몰되었다. 현재 수몰된 곳을 돋우어 시사단으로 남겨두었다.

치지 못하듯 도산서원도 도산서당을 뛰어넘지 못한다.

　도산서당을 지은 이듬해 가을에는 농운정사를 지었다. 그의 제자 성재 금난수가 도산서당 건립 과정을 설명한 『도산서당영건기사陶山書堂營建記事』에 따르면 이황 선생은 쉰일곱 살 되던 1557년 도산 남쪽에 터를 잡아 그 이듬해 직접 건축 설계도 〈옥사도자屋舍圖子〉를 그려 용수사 승려 법련의 손을 빌려 짓기 시작했다고 한다. 법련이 죽자 그의 제자 정일이 맡아 1560년에 완성시켰다.

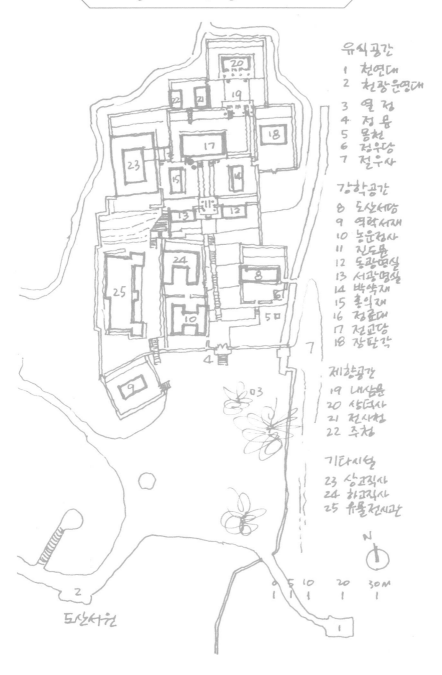

도산의 품에 안겨 낙동강을 바라보는 도산서원

유식공간
1 천연대
2 천광운영대
3 열정
4 정용
5 몽천
6 정우당
7 절우사

강학공간
8 도산서당
9 역락서재
10 농운정사
11 진도문
12 동광명실
13 서광명실
14 박약재
15 홍의재
16 정료대
17 전교당
18 장판각

제향공간
19 내삼문
20 상덕사
21 전사청
22 주청

기타시설
23 상고직사
24 하고직사
25 유물전시관

N

0 5 10   20   30M

2
도산서원

1

화계 위에 앉아 있는 도산서원

오늘날 도산서원은 크게 하부의 도산서당 영역과 상부의 도산서원 영역으로 나뉜다. 이황 선생의 손길이 머문 도산서당 영역과 훗날 지은 도산서원 영역이 하나의 배치로 얽혀 있다.

도산서원은 이황 선생 사후 4년이 지난 1574년에 착공하여 1년 만에 관 주도로 준공하고 선조로부터 도산이라는 사액을 받았다. 1576년 사당이 완성되어 이황 선생의 위패를 모시며 본격적인 서원의 형태를 갖추었다. 사당과 강당, 동·서재를 지은 후 훗날 동광명실東光明室과 서광명실西光明室을 증축했다. 진도문進道門이 작은 크기로 낮게 내려앉고 동광명실과 서광명실이 좌우로 품을 열고 동·서재가 테라스로 한 발 내려앉았다면 전망이 강당에서 도산서원 남쪽으로 흐르는 강줄기인 낙천까지 시원하게 뚫렸을 것이다.

정문을 통과하면 도산서당으로 향하는 진입로가 오른쪽으로 꺾여서 다시 유정문幽貞門으로 오른다. 몽천과의 대칭점에 전직 대통령의 기념식수 한 그루가 하늘을 뚫을 기세로 솟아 있다. 이황 선생이 가까이 하였던 송, 죽, 매는 도산서당을 가리지도, 곡구암으로 향하는 전망을 막아서지도 않는다.

도산서원 배치를 살펴보면 정문에서 진도문으로 이르는 축이 한눈에 드러난다. 정문과 진도문을 지나 하부의 기존 서당과 상부의 신축 서원을 연결하는 계단이 화단 사이로 뚫려 있다. 계단이 농운정사와 하고직사下庫直舍 담장에 붙어 직진하여 도산서당은 섬처럼 떨어진 모습이다. 계단식 화단은 기하학적이지만 전망은 낙천까지 거침없다. 시원하게 뚫린 경관이 동광명실과 서광명실에서 막혀버린 것이 아쉬울

도산서원 전경
하부의 도산서당 영역과 상부의 도산서원 영역이 하나의 배치로 얽혀 있다.

따름이다.

진도문은 『근사록近思錄』의 "사람은 마음이 굳세어야 뜻을 지켜 용감하게 도에 나아갈 수 있다"에서 따온 말이다. 도는 잠시도 떨어질 수 없는 사람의 길이며, 스승의 학문을 부지런히 좇음으로써 도를 성취할 수 있다는 뜻을 담았다.

퇴계의 생각을 망치질한 도산서당 건축

이황 선생의 생각을 접고 또 접어 수없이 망치질하여 만든 도산서당은 작지만 옹골차고, 볼수록 치밀하다. 이황 선생이 직접 쓴 「도산잡영」에 따르면 서당은 모두 3칸이다. 서쪽 1칸은 골방이 딸린 부엌이고 중앙의 1칸은 온돌방인 완락재玩樂齋며, 동쪽 1칸은 대청인 암서헌巖棲軒이다.

완락재 남쪽으로 침소를 마련하고 화분, 책상, 연갑, 지팡이, 침구, 돗자리, 향로와 혼천의 하나씩을 창문 아래 두었다. 북쪽 벽은 한 자 들어내어 서가를 마련하고 천여 권의 책을 꽂아넣었다. 서가의 환기가 잘 되도록 온돌 바닥에서 서가를 한 자 정도 띄웠는데, 습도 조절까지 고려한 치밀한 설계다. 이황 선생은 책이 꽂혀 있는 서가 앞에서 잠을 자거나 서가를 등지고 앉는 것을 불경스럽게 생각했다. 그는 이유를 다음과 같이 밝혔다. "이곳은 내가 누워 자고 기거하는 곳으로 성현의 경훈經訓을 등 뒤에 두는 것이 온당치 않기 때문에 그렇게 한 것이다."

부엌 쪽의 벽은 기둥 밖으로 나 있고 남쪽으로는 시종이 드나드는

도산서당 담장 전망을 위해 부분적으로 뚫어놓은 담장 너머로 도산서당이 보인다.

쪽문을 달았으며 그 안쪽으로 나무 상을 수평으로 걸어 옷상자와 편지 보관함을 둘 수 있는 장을 짜놓았다. 1칸짜리의 작은 공간인데도 시종이 출입하는 곳, 옷가지와 서류를 올려놓는 곳, 책을 놓는 곳, 침구와 가재도구를 놓는 자리와 자는 공간을 따로 정했다. 라이프 사이클에 맞추어 실내 공간을 황금분할하고 각각의 공간에 맞추어 생활규범까지 꼼꼼히 정한 것이다.

완락재의 온돌방에 앉아 공간을 이리저리 살펴본다. 남쪽으로 뚫린 창은 아침 햇살을 마중하고 하루의 풍경을 실어나르는 자연으로 열린 눈이고, 대청마루로 열린 들어열개문은 풍경을 조절하는 조리개와도

도산서당 도산서당 또한 계상서당과 마찬가지로 소박한 모습으로, 부엌과 온돌방, 대청으로 단출하게 구성되어 있다.

같다. 그러나 방의 크기는 한 사람이 눕기에도 빠듯하다. 그는 이곳을 우주로 확장하는 공간이자 사색하는 공간으로 삼은 듯하다.

도산서당의 기둥 간격을 살펴보면 부엌의 폭은 214센티미터, 방은 246센티미터, 대청은 276센티미터로 제각각이다. 기둥 사이의 간격이 동일하면 부재를 가공하고 설치하는 것이 용이해 공사비가 저렴하지만 간격이 다르면 보와 부재의 길이가 달라져 공사가 그만큼 까다로워진다. 그럼에도 부엌보다 방을, 방보다 대청을 더 크게 한 이유는 무엇일까? 공간 이용자 수에 맞추어 기둥 간격을 효율적으로 조절했기 때문이다. 이황 선생은 구조는 물론 디테일까지 꼼꼼하게 설계하여 공간

도산서당 내부 들어열개문 너머로 완락재가 보이고, 대청마루에는 암서헌 현판이 달려 있다.

효율을 극대화했다.

대청마루도 남북 기둥 밖으로 마루판을 밀어내어 최대한 면적을 키웠다. 동쪽으로는 작은 기둥을 세우고 처마를 달아내어 그 아래로 살마루를 깔았다. 이황 선생은 여름철 살마루 바닥에서 불어오는 시원한 바람까지 놓치지 않았다. 완락재와 암서헌 사이의 삼분합 들어열개문은 닫으면 공간이 분리되고, 열면 출입구가 되고, 접으면 풍경이 걸린다. 계절과 기후에 따라 삼분합문을 열기도, 접기도, 닫기도 하며 동쪽으로 펼쳐지는 산줄기의 풍광을 불러들여 마음을 달랬다. 방과 대청마루가 서로 손을 내밀어 하나가 되는 순간 이황 선생과 자연은 하

도산서당 대청마루 이황 선생은 한정된 공간을 효율적으로 활용했다. 도산서당의 마루 역시 최대한 면적을 키웠다.

나가 되었다. 그는 작은 방안에 있으면서도 문을 조절하여 다양한 모습의 자연을 친구로 불러들였다.

대청마루에 앉아 주변을 둘러보면 동쪽으로는 처마가 하늘을 누르고 남쪽은 훤히 트였으나 북쪽은 닫힌 듯 열려 있다. 북쪽 판벽을 살마루가 시작되는 곳의 기둥까지만 설치하여 살마루의 바람길을 열었다. 판벽의 중앙에 박힌 여닫이 창문을 여니 매화 꽃대가 얼굴을 내밀고 향기를 실어나른다. 대청마루에 빛과 그림자를 초대하여 바람을 허리에 두르고 매향 가득한 봄의 향연에 빠졌을 이황 선생의 모습이 그려질 듯하다.

이는 도면을 직접 그리면서 수없이 생각을 조이고 망치질하지 않으면 나올 수 없는 공간 구조다. 이황 선생은 성리학의 대통일 뿐 아니라 위대한 건축가, 그것도 자연과 인간이 소통하는 공간을 치밀하게 빚어낸 자연주의 건축가였다.

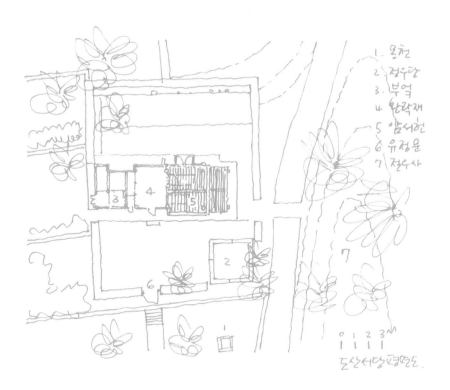

퇴계가 손수지은 도산서당

1. 몽천
2. 정우당
3. 부엌
4. 완락재
5. 암서헌
6. 유정문
7. 정우사

0 1 2 3ᴹ

도산서당평면도

자연에 그린 퇴계의 마음 도산서당 정원

이황 선생은 서원의 질서와 공간의 규칙을 누구보다 잘 알고 있었음에도 자신의 건축을 경영할 때에는 모든 욕망을 내려놓았다. 그러나 정원을 조영할 때만큼은 시적인 감성을 그대로 투영해냈다. 도산서당에서 자연은 양진암, 한서암, 계상서당과 같은 개념으로 이어진다. 한서암과 계상서당 아래에 몽천이 있듯 도산서당의 담장 아래에도 몽천이 있다. 몽천에서는 오늘날에도 여전히 맑은 물이 솟아난다.

계상서당 동쪽 바위 고등암古藤巖을 임성대臨省臺라 이름 짓고 자연 그대로의 바위를 정자로 삼았듯 도산서당에서도 곡구암 서쪽 언덕에 천광운영대天光雲影臺를 두고 동쪽 언덕의 천연대天淵臺를 도산서당의 정자로 명명했다. 한서암에는 둥그스름한 광영당 연당을, 계상서당에서는 직사각형의 연당을 만들었듯이 도산서당에서도 정방형의 정우당淨友塘을 조영했다. 정우당은 마당의 동쪽 모서리 물길에 면하여 있지만 건물과 마당의 면적이 작은 것에 비하면 크게 느껴진다. 그 답답함을 줄이면서 낙동강으로 시선이 트이도록 정우당이 면하는 곳에는 담장을 세우지 않았다. 한서암과 계상서당에서 소나무, 대나무, 매화, 국화, 오이 다섯 가지 식물을 심었듯 도산서당에서도 정우당을 파고 그 주위에 매화, 대나무, 소나무, 국화를 심었다.

정우당의 서쪽에는 회양목을, 동쪽에는 키 낮은 나무를 심어 운치를 더했으며 연못에는 꽃 중의 군자로 불리는 연꽃을 심었다. 연꽃은 진흙탕에서도 몸을 더럽히지 아니하고 속은 비고 줄기는 곧으며 남을 의지하지 않고 향기는 멀수록 맑아 예부터 선비의 절개를 상징했다.

양진암에서는 채포菜圃(채소밭), 한서암에서는 과전瓜田(오이밭), 계상

서당에서는 육우원六友園, 도산서당에서는 절우사節友社로 그 이름이
바뀌었다. 절우사란 도산서당 동남쪽 도랑 위의 자연 언덕을 말한다.
자연 그대로의 언덕에 단을 쌓고서 매화, 대나무, 소나무, 국화를 심어
절개를 지키는 모임이라는 의미의 절우사로 불렀다. 이황 선생은 도산
서당 대청마루에서 정우당을 바라보다 마음 자락이 움직이면 절우사
에 올라 농운정사에 걸린 노을에 젖었을 것이다. 그러다가도 발걸음을
옮겨 천연대와 운영대에 올라 마음을 낙천으로 던졌을 것이다.

한서암에는 사립문이, 계상서당에는 석문이, 도산서당에는 유정문
이라 불리는 싸리문이 있다. 유정문이란『주역周易』「이괘履卦」의 "도를
실천하는 길이 탄탄하니 숨은 선비가 마음을 곧고 바르게 가지면 길
하리라"에서 따온 것이다.

관기 두향과 이황 선생 사이에 매화분 이야기가 전해 내려온다. 이
황 선생은 48세 단양군수로 부임할 시절 첫 부인과 사별하고 아들까
지 잃어 슬픔에 젖어 있을 때 관기 두향을 만났다. 그는 시문과 거문고
다루는 솜씨가 뛰어나 두향을 아꼈다고 한다.

이황 선생이 풍기군수로 발령이 나자 두향은 그에게 매화분을 보냈

몽천

유정문

도산서당 정원 이황 선생은 시적인 감성을 투영해 정원을 조영했다.

다. 그는 두향이 선물한 매화분을 끔찍이도 사랑하여 이를 노래한 시가 백여 편에 이른다. 이황 선생은 죽음을 맞이하는 순간 평소 애지중지했던 매화분에 물을 주게 하고 침상을 정돈한 뒤 앉은 자세로 눈을 감았다. 죽는 순간까지 실천적인 삶을 살고자 했던 대학자의 기개였다. 두향은 이황 선생이 떠나자 관기에서 빠져나와 이황 선생과 자주 찾던 남한강가에 움막을 짓고 살았다. 이황 선생의 부음을 들은 두향이 며칠을 걸어와 해우하고는 남한강에 몸을 던졌다는 이야기가 전해온다.

도산서당에는 이황 선생이 사랑한 매화나무가 줄지어 있고, 뒷마당에도 매화나무 한그루가 소담스런 가지를 뻗치고 있다. 그는 새벽에 일어나 촛불을 밝히고 향불을 피우고 찬물에 세수하고 좌정하여 책을 읽다 아침 햇살이 비치는 순간 남쪽 창문을 열어 자연을 품에 안았을 것이다. 이때 그의 눈길은 가까이는 곡구를 지나 개울까지 다다르고, 시사단이 있는 들판을 굽어보고, 앞산을 바라보고, 그 다음으로는 하늘을 우러르며 하늘과 땅 사이 이치를 살폈을 것이다.

독서에 몰두하다 자연과 벗하여 노닐던 이황 선생은 자신을 「도산잡영병기陶山雜詠竝記」에서 이렇게 묘사했다.

나는 늘 고질병을 달고 다녀 괴로웠기 때문에, 비록 산에서 살더라도 마음껏 책을 읽지 못한다. 남몰래 걱정하다가 조식한 뒤 때로 몸이 가뿐하고 마음이 상쾌하여, 우주를 굽어보고 우러러보다 감개가 생기면, 책을 덮고 지팡이를 짚고 나가 관란헌에 임해 정우당을 구경하기도 하고 단에 올라 절우사를 찾기도 하며, 밭을 돌면서 약초를 심기도 하고 대에 올라 구름을 바라보거나 낚시터에서 고기를 구경하고 배에서 갈매기와 가까이하면서 마음대로 이리저리 노닐다가, 좋은 경치 만나면 흥취가 절로 일어 한껏 즐기다가 집으로 돌아오면 고요한 방안에 쌓인 책이 가득하다.

이황 선생이 다시 살아나신다면 제일 먼저 담장(1969년 성역화사업으로 높여 지은 것)부터 낮출 것이다. 그 시선이 향하는 길목을 담장이 가리기 때문이다. 소나무와 대나무는 곡구의 전망을 가리지 않게 마당 옆으로 옮기고, 서당 앞에는 매화와 국화를 심을 것이다.

차돌처럼 단단한 평면 농운정사

도산서당 서쪽에 제자들이 거처하며 공부했던 농운정사가 앉아 있다. 여덟 칸 규모의 공工 자형 평면은 보기에도 단단하다. 이황 선생은 작은 공간을 잘게 나누어 헌軒을 관란觀瀾, 재齋는 시습時習, 요寮는 지숙止宿으로 이름 지었다.

이는 농운정사 또한 도산서당과 같이 각각의 기능이 긴밀하게 연결되어 있음을 암시한다. 중앙에 일日 자로 뻗은 4칸짜리 지숙료가 농운정사의 중심을 잡아준다. 지숙료는 유생들이 잠을 자고 독서하던 곳으로 긴 온돌방의 중간을 간이 벽으로 막아 각기 다른 2칸으로 나눴다. 창호가 많이 달려 실내 채광이 좋다. 아침엔 동창이 불타고, 낮에는 처마를 타고 내려온 햇살이 갖가지 위치로 난 남창을 기웃거리고, 오후에는 노을이 서창에 걸린다. 이는 유생들이 햇살의 움직임으로 하루의 흐름을 인식하고 하루 종일 맑은 공기가 실내에 흐를 수 있도록 한 것이다. 지숙료 뒤 북쪽으로 돌출된 동서 각 1칸의 방은 창고를 겸하는 고방이다.

지숙료의 서쪽과 동쪽으로 각각 돌출된 마루방은 관란헌과 시습재로, 좁은 공간에도 틈을 찾아내어 자연을 초대한 사색 공간이다. 관란헌과 시습재가 마주보는 방향은 벽을 틔워 그 사이로 쪽마루를 깔았다. 그 외의 벽에는 여닫을 수 있는 나무문을 달아 공간의 기밀성을 높이고 날씨에 따라 판문으로 조절하도록 했다. 각각의 공간은 독립적이면서도 쪽마루로 열리기도 하며 하나로 통합된다. 좁은 공간이 마당을 끌어안는 순간 관란헌과 시습재는 하나의 공간으로 확장된다.

농운정사 중앙의 지숙료가 서쪽과 동쪽의 관란헌과 시습재를 연결한다.

전면에서 농운정사를 바라보면 평면은 공 자로 대칭을 유지하지만 입면은 대칭이 아니다. 관란헌과 시습재 마루에서 지숙료를 바라보면 네 칸의 긴 건물이지만 입면은 칸마다 모두 다르다. 창문은 그 모양과 위치가 제각각이라 앉거나 선 사람의 눈높이에 적절하게 대응한다. 햇살이 각각의 시간을 창문에 새기며 저마다의 방향과 기울기로 실내 공간으로 흐른다.

이황 선생은 모든 것을 알고 있었지만 아무것도 모르는 어린이의 동심으로 창문을 설치했던 것 같다. 외부에서 바라보는 건물의 비례에 맞추지 않고 실내 공간에 생기를 불어넣는 곳마다 자유롭게 창문을

시습재에서 바라본 관란헌 농운정사에서 각각의 공간은 분리되어 있으면서도 서로 연결되어 있다.

설치했다. 이는 높은 경지에 이른 건축가가 아니면 설계하기 어려운 디테일이다.

농운정사는 최대한 욕망을 자제하고 최소한의 공간으로 다양한 기능을 수행하며 자연의 멋까지 놓치지 않으려 했던 그의 동심이 조각한 건축물이다. 도산서당과 농운성사는 어떠한 장식이나 채색도 없이 소박하고 단순한 모습으로 설계되었다. 오늘날 마름질이 잘된 기단석은 1969년 대대적인 정화사업으로 바뀐 것이다.

농운정사의 창문

농운정사에서 창문은 그 위치와 크기가 제각각이다. 햇살이 저마다 다른 기울기로 들어와 각자의 시간을 새긴다.

퇴계의 자연을 밀어내는 전교당

하부의 도산서당 영역을 지나 진도문으로 들어서면 두 줄의 진입로가 마당을 가르며 강당인 전교당典敎堂으로 뻗어 있다. 동재 박약재博約齋와 서재 홍의재弘毅齋가 마주서서 전교당에 절하는 모습이다. 정면 3칸 측면 1칸 반의 홑처마 맞배지붕 건물인 박약재와 홍의재는 유생들의 거처다. 왼쪽 진입로와 전교당의 기단이 만나는 곳에 정료대庭燎臺가 보인다.

박약은 『논어論語』 「자한子罕」 편에 나오는 박문약례博文約禮를 요약한 것으로, "말로 학문은 넓게 하고 행동은 예의에 맞게 단속한다"는 뜻이다. 홍의는 『논어』 「태백泰伯」 편에 나오는 글로 "선비는 도량이 넓고 뜻이 굳세지 않으면 안 된다"를 의미한다. 박약재는 학문의 내용을, 홍의재는 학문의 자세를 나타낸다. 일반적으로 강학 공간에는 단청을 하지 않는데 유생들의 거처에 단청을 한 것은 아쉽고 또 아쉽다. 도산서원의 구조를 뜯어보면 소박하게 지은 흔적이 보이나 모두 단청 옷을 입고 있다.

2개의 계단을 따라 높은 기단 위에 있는 전교당으로 오른다. 오른쪽에서 두 번째 칸 처마 아래 전교당이라는 현판이 보인다. 교육을 담당한다는 것을 의미하는 명칭이다. 정면 4칸, 측면 2칸의 전교당은 원기둥이 아닌 사각기둥이며 홑처마로 장식을 최대한 줄였다. 전교당에 걸린 도산서원 현판 글씨는 한석봉이 쓴 것이다.

전교당 서쪽 협실을 가리키는 한존재閑存齋는 『주역』에서 따온 것으로, 간사함을 물리치고 그 성실함을 보존하여 선한 일을 하지만 자랑하지 아니하며 은덕을 널리 베풀어 사람들을 감화시킨다는 의미다. 한

전교당과 전교당에서 보이는 마당
두 줄의 진입로가 진도문에서 전교당으로 뻗어 있다. 전교당 대청에 앉아 마당을 바라보면 동광명실과 서광명실이 진도문의
좌우에서 전망을 막는다.

존재는 사악함을 막아 참된 마음을 보존하는 경을 공부의 원칙으로 삼았다. 한존재와 박약재, 홍의재의 당호堂號 현판은 가르침과 배움을 엄격히 규정한다. 스승은 경을 가르침의 원칙으로 삼아야 하며, 학생들은 지식을 넓히고 예에 맞도록 행동하여 굳센 뜻으로 학문에 임해야 한다는 의미를 담았다.

서쪽 1칸만 한존재로 꾸미다보니 나머지 대청마루는 3칸이 남는다. 그러다보니 전교당으로 오르는 두 줄의 계단과 강당의 중심이 어긋나고 도산서원 현판도 어쩔 수 없이 중심축에서 벗어나 있다. 전교당과 도산서당은 그 평면 구성이 비슷하다. 서쪽에 온돌방을 두고 동쪽으로 대청마루를 설치한 것도 그렇다. 다만 동쪽에도 판벽을 둘렀다는 점이 도산서당과 다르다. 동쪽으로 위치한 사당을 바라보며 존경을 표하기 위해 창을 뚫은 것 또한 특이하다.

전교당의 오른쪽으로는 목판을 보관하는 장판각藏板閣이, 서쪽으로는 서원을 관리하는 상고직사上庫直舍가 보인다. 상고직사 절벽 아래에는 유물전시관이 길게 놓여 있다. 서광명실 아래로는 하고직사가 쪽문으로 농운정사와 연결된다. 도산서당과 달리 자연 경관의 시원함은 느껴지지 않는다.

전교당의 대청마루에 좌정하여 낙천을 바라본다. 동광명실과 서광명실이 전망 경관을 틀어막는다. 도산서당에 담긴 이황 선생의 정신은 자연으로 열린 전망 경관이었으나 도산서원의 전교당은 시간의 섬처럼 이황 선생의 사상에서 한 발 떨어져 있었다. 이황 선생이 손수 지은 도산서당을 모델로 지었다고 하지만 형태만 어눌하게 따랐을 뿐이다.

서광명실
자연으로 열린 도산서당의 전망과 달리 도산서원은 전망이 막혀 있다.

삶과 죽음을 하나로 엮은 상덕사

이황 선생은 서원의 중심은 강학 공간이고 사당은 학문의 방향을 설정하는 것으로 보았다. 그에게 향사는 제향자를 신적으로 봉양하는 것이 아닌 선현의 학문을 놓치지 않으려는 반복 의식이었다. 상덕사尙德祠는 『논어』「헌문憲問」편에서 따온 명칭으로 이황 선생의 학덕을 우러러 섬긴다는 뜻을 담고 있다.

대문에서 도산서당으로 들어가는 방향과 전교당에서 사당으로 진입하는 축이 동일하게 중심축에서 오른쪽으로 꺾여 있다. 상덕사 내삼문은 전교당 동쪽 마당을 바라본다. 이는 강당 동쪽에 사당을 세운다는 이황 선생의 원칙을 따른 것으로, 사당이 강당 뒤에 고립되는 것을 방지하며 사당에 자연 경관을 열어주기 위함이다.

상덕사의 내삼문은 일반적인 사당 문과 달리 제향자의 혼이 다니는 중앙 문과 사람이 다니는 좌우 문의 크기가 동일하다. 사당 진입로는 동쪽 문이며 진입 계단도 동서쪽 문으로 나 있다. 중앙문의 문틀과 문지방이 만나는 곳에 달린 나무 장식 북은 이곳이 신도神道임을 강조한다. 내삼문에 그려진 태극무늬는 진도문에 그려진 태극무늬와 반대 모양이다. 이는 삶과 죽음이 하나로 엮여 있음을 암시한다.

내삼문을 지나면 직사각형 담장 안에 정면 3칸, 측면 2칸의 상덕사가 팔작지붕을 쓰고 있다. 박약재에서 유복(유생들이 입는 옷)으로 갈아입고 마당에서 절을 한 후 동쪽으로 난 계단과 문을 지나 사당에 오른다. 관세위盥洗位라 불리는 나무 탁자 위에 동으로 만든 대야가 놓여 있고 정료대는 보이지 않는다. 조선 최고 성리학자의 사당이지만 소박한 탁자 위로 신주만 모셔져 있을 뿐이다.

| **상덕사** 조선 최고 성리학자의 사당이지만 이황 선생의 신주가 소박하게 모셔져 있을 뿐이다.

　사당 서쪽 잔디 위로 축문을 태우는 기왓장 하나가 달랑 놓여 있다. 이황 선생이 즐겨 바라보았던 곡구암으로 시선을 던지지만 건물이 전망을 가로막는다. 병산서원屛山書院의 사당인 존덕사尊德祠에서는 병산의 봉우리들을 볼 수 있지만 상덕사에서는 이황 선생이 즐겨보았던 곡구암을 볼 수 없다.

　사당 서쪽 담장 밖으로는 전사청과 주청酒廳이 보인다. 사당과 전사청 사이 쪽문으로 향사 음식이 들어왔기 때문에 내삼문의 중문에 계단을 설치할 필요가 없었다. 향사 음식 재료는 강당 뒤의 쪽문을 통해 전사청으로 운반했다. 도산서원에서는 희생에 쓸 가축을 검사하는 생단이 보이지 않는다. 건축역사학자 이상해 선생에 따르면 도산서원에서 생단 역할을 했던 곳은 진도문과 전교당 사이 인도석이었다고 한

| **전사청** 향사에 사용하는 음식 재료를 보관했다.

다. 그렇게 보면 도산서원의 강학 공간이 건물과 담장으로 막힌 것을 이해할 수 있다. 강학 공간은 크게 사당 영역에 포함됐던 것이다. 도산서당 위에 위치한 도산서원을 사당 영역으로 생각하면 박약재와 홍의재, 전교당까지 단청을 한 것도 같은 이치로 받아들일 수 있다.

도산서원에서는 향사에 사용하는 쌀과 기장을 아홉 번 헹군다는 석미淅米라는 관습이 내려온다. 조리로 돌을 가려냈는데, 쌀을 손으로 씻는 것을 불결하다고 생각했기 때문이다. 재유사 5명이 함께 복창하여 헹구는 횟수를 알린다. 1975년 안동댐 축조 이전에는 강변으로 나아가 배를 타고 중류에 이르러 제미를 9회씩 정성스럽게 헹구었다고 한다. 석미를 핑계로 이황 선생의 발길을 추억했던 게 아닐까 싶다.

도산서원 화계

시간적, 공간적으로 단절된 도산서당 영역과 도산서원 영역을 하나로 묶어준다.

퇴계의 정신을 이어받은 도산서원

도산서원은 이황 선생이 손수 지은 도산서당을 품고 있다. 이황 선생은 자연주의 사상으로 건물을 지은 위대한 건축가였다. 스승의 위대한 작품 위에 강학 공간과 사당을 새로 짓는 것은 쉬운 일이 아니다.

이황 선생이 죽고 4년 뒤에 지은 도산서원은 도산서당 위로 훌쩍 떨어져 담장과 건물로 둘러싸여 있다. 이황 선생이 담장을 낮게 쌓고 때로는 끊어내면서까지 열어두려 했던 자연관을 도산서원에서는 제대로 담아내지 못한 점이 아쉽다. 싸리문을 달아 전망을 열고 정우당이 면하는 곳에 담장을 끊어 곡구암을 들어오게 한 그 정신을 도산서원에서는 찾아볼 수 없다. 출입문과 동·서재를 소박하게 짓고, 평면을 도산서당과 비슷하게 구성하고, 강당의 기둥을 사각기둥으로 만드는 것보다 이황 선생의 정신을 이어받는 것이 먼저였을 것이다.

정문에서 진도문으로 이어지는 화계는 도산서당과 도산서원의 강학 공간을 하나로 묶어준다. 진입 계단의 축을 따라 화계를 만들어 전망 경관을 열었다. 화계를 따라 걷는 사람들의 모습이 도산서원에서 제일 아름답다. 바람에 흔들리는 꽃대 사이로 발걸음이 장단을 맞춘다.

오늘날 도산서원에서 정신적인 강당은 도산서당이고 기능상의 강당은 전교당이다. 논산의 돈암서원遯巖書院에서 기능상의 강당은 응도당凝道堂이고, 명목상의 강당은 양성당養性堂인 것과 닮았다. 오랜 세월을 견뎌내고 살아남은 건축물에는 이 시대의 관점으로는 보이지 않는 정신이 살아 있다. 도산서당은 도산서원 없이 존재할 수 있지만 도산서원은 도산서당 없이 홀로 존재할 수 없다.

류성룡 선생의 병산서원 屛山書院

퇴계의 제자이자 정치가이자 학자인 서애 류성룡이 터를 잡은 곳에 병산서원이 대범하게 병산을 마주보며 서 있다.

병산서원은 9개 서원 중 건축적으로 완성도가 가장 높다. 군더더기 없이 단순한 배치와 구조만으로 제 기능을 다하고 있다. 병산서원은 강 건너 산 살이 막고 있어서 풍수지리적 관점에서 서원의 입지로 좋은 자리가 아니었다. 하지만 만대루가 구조적, 공간적, 예술적으로 완벽하게 위치하여 이를 병산서원만의 독창성으로 승화한다. 병산서원은 지형적 단점을 절묘한 배치로 완벽하게 치환한 건축물이다.

대범한 정신의 서애 류성룡

병산서원의 제향자는 서애西厓 류성룡(1542~1607)이다. 그가 1572년 병산서원의 모체인 풍악서당豊岳書堂을 풍산읍에서 병산을 마주하는 지금의 자리로 옮겼다. 기가 센 땅에 기가 센 인물의 사당이 놓여 있다. 그는 퇴계의 문하에서 학문을 닦았다. 칭찬을 아끼는 퇴계였지만 류성룡 선생에 대해서는 "마치 빠른 수레가 길을 나선 듯해 매우 가상하다"라고 했다.

류성룡 선생은 1542년 경상도 의성현 사촌리 서림 외가에서 부친 류중영의 둘째 아들로 태어났다. 이후 고향 마을인 안동부 풍산현의 하회마을과 한양에서 성장했다. 어릴 때부터 남달리 학문에 뜻을 두어 주위 사람들이 신동이라 불렀다. 그는 당대 최고의 유학자였던 퇴계의 문하에서 수학하여 마침내 퇴계 학파의 영수가 되었다.

23세(1564)에 소과 시험인 생원과 진사시에 합격하고, 25세에 대과에 급제하여 관직을 시작했다. 당시 대과 급제 평균 나이가 30세였던 것을 고려할 때 상당히 이른 나이에 관직에 나간 것이다. 28세에 성절사 서장관으로 임명되어 명나라에 다녀와 견문을 두루 넓혔다. 그는 이후 춘추관 기사관, 이조좌랑, 이조참의, 부제학, 대사헌, 병조판서를 역임하며 순항했다. 동인과 서인으로 나뉘어 치열하게 정쟁을 벌이던 시기에 류성룡 선생은 동인의 핵심인물이었다. 정적들의 공격을 무릅쓰고 성장했다는 데서 그의 인격이 남달랐음을 짐작할 수 있다.

당쟁과 사화로 얼룩진 조선에 설상가상으로 임진왜란이 일어나자 류성룡 선생은 영의정으로서 국난을 수습했다. 그는 정치가의 기상과 학자의 도덕성을 동시에 갖춘 인물이었다. 서애 류성룡을 이야기하면

병산서원 전경

병산과 마주보는 병산서원은 풍수적으로 서원의 자리에 적합하지 않지만
건축을 통해 산의 살기를 생기로 승화한 걸작이다.

서 빼놓을 수 없는 것이 이 시기 이순신 장군과 맺었던 인연이다.

전란 직전인 1591년(선조 24) 좌의정이었던 류성룡 선생은 종6품에 불과했던 정읍현감 이순신을 파격적으로 정3품 전라도좌수사에 천거했다. 이는 임진왜란의 판도를 바꾼 매우 중요한 결정이었다. 1592년 4월 왜군이 쳐들어오자 류성룡 선생은 병조판서 겸 도체찰사로서 전시 정국을 주도했다. 전란 도중에 정적으로부터 탄핵되어 한동안 파직당하기도 했지만 그는 피난지까지 선조를 호위하는 등 적극적으로 전란 극복에 앞장섰다. 그는 군대 양성과 화기 제조, 성곽 축성 등을 건의했고 1593년에는 군대를 양성하기 위한 훈련도감 설치를 실현시켰다.

그는 국난을 해결하기 위해 왜군의 수급首級 하나만 베어오면 노비들도 양인으로 면천해주는 면천법을 실시했다. 공이 많은 양인들에게는 벼슬을 내려주며 의병활동을 지원하고자 했다. 작미법(공납법)을 개정하여 지방수령과 방납업자가 서로 유착하여 백성들에게 세금폭탄을 씌우는 관행을 해결하는 한편 양반사대부에게도 세금을 거두어 국고를 든든히 했다. 동시에 권율과 이순신 장군 같은 훌륭한 인물을 천거하여 국난을 성공적으로 이끌었다. 하지만 류성룡 선생은 결국 면천법과 작미법이 빌미가 되어 삭탈관직을 당했다. 그해 이순신 장군 역시 노량해전에서 전사했다.

그는 뛰어난 정치가이자 훌륭한 학자로서 도학, 문장, 글씨, 덕행으로 이름을 떨쳤다. 그는 이후 선조의 부름을 받지 않고 학문 연구와 후진 양성에 주력하며 말년을 보냈다. 선견지명을 가진 류성룡 선생 같은 정치인이 없었다면 이순신 장군 같은 인물은 탄생하지 못했을지도 모른다. 지금도 이순신 장군과 류성룡 선생의 후손은 서로에게 고마워한다고 한다. 류성룡 선생이 이순신 장군을 천거하지 않았다면 나라를 구하는 업적을 이룰 수 없었을 것이며, 이순신 장군이 임진왜란을

승리로 이끌지 못했다면 류성룡 선생 또한 무사하지 못했을 것이기 때문이다. 당시 천거는 목숨을 거는 모험이었다.

류성룡 선생은 학자로서 『서애집西厓集』, 『징비록懲毖錄』, 『영모록永慕錄』 등 여러 서적을 남겼으나 그중 으뜸은 『징비록』이다. 그는 1600년 전란이 끝나고 복권되었으나 관직에 나가지 않고 다시는 전란을 겪지 않아야 한다는 사명감으로 하회마을에 은거하며 『징비록』을 썼다. 제목은 "미리 징계하여 후환을 경계한다豫其懲而毖役患"는 시경의 말에서 빌려왔다.

전란이 일어날 조짐이 있을 경우에는 사전에 철저히 준비하여 큰 후환을 대비해야 한다며 자신의 경험을 녹여낸 책이 『징비록』이다. 임진왜란 전 일본과의 교린 관계와 전쟁 중 백성들이 일으킨 의병항쟁, 명나라의 원조, 제해권의 장악 등 임진왜란 당시와 전후의 정황을 상세하게 기술했다. 그가 훌륭한 인물로 추앙받는 이유는 이렇듯 개인의 사리사욕을 채우려 하기보다 국가의 안위를 먼저 걱정했기 때문이다.

그는 담대하면서도 지조와 절개가 있는 정치인이자 학자로 평가받았다. 1604년에 풍원부원군에 봉해졌고 사후에는 관료이자 학자로서의 업적을 인정받아 문충文忠이라는 시호가 내려졌다. 18세기 후반 정조는 저서 『홍재전서弘齋全書』에서 당쟁의 피바람 속에서도 관료로서 큰 업적을 남긴 류성룡 선생을 이렇게 평가했다. "저 헐뜯는 사람들을 서애 류성룡이 처한 시대에 처하게 하고, 서애가 맡았던 일을 행하게 한다면 그런 무리 100명이 있어도 어찌 감히 서애가 했던 일의 만분의 일이라도 감당하겠는가? 옛날 당 태종이 이필에 대해 '이 사람의 정신은 몸보다 크다'라고 말했는데, 나 또한 서애 류성룡에 대해 그렇게 말했다. 그는 젊었을 때부터 이미 우뚝 거인의 뜻이 있었다."

병산을 홀로 마중하는 병산서원

병산이 절벽으로 병풍을 치고 굽이굽이 흐르는 낙동강 강줄기를 막아선 곳에 병산서원이 앉아 있다. 물길은 열리지만 전망은 병산에 닫히는 이런 곳을 풍수에서 기가 센 곳이라 부른다. 낙타 등짝을 닮은 병산의 곧추세운 절벽 아래로 파란 강줄기가 가는 선을 그리며 흘러간다. 강줄기를 따라 오랜 세월 쌓인 모래사장이 서원 앞으로 넓게 펼쳐진다.

화산에 기대어 선 병산서원은 멀리 남쪽으로 학가산을 조산으로 불러들이지만 바짝 다가선 병산에 가려 학가산은 그 흔적조차 보이지 않는다. 서원 앞 낙동강의 폭은 300미터 정도고, 병산의 높이도 300미터다. 서원과 병산의 거리는 500미터 정도로 병산이 무덤덤하게 시선을 막고 있다. 궁벽진 곳에 병산서원을 지은 이는 류성룡 선생이다. 그가 1572년에 병산서원의 모체인 풍악서당을 번잡한 풍산읍에서 병산이 버티고 있는 이곳으로 옮겼다. 류성룡 선생의 병산서원과 산살山殺이 강한 병산은 수 세기 동안 운명의 동지로 마주보고 서 있다.

병산서원이 사액을 받은 것은 19세기 중반이었다. 류성룡 선생이 남인의 영수이자 성공한 정치인이었기에 반대가 만만치 않았다. 광해군(재위 1608~1623) 대에는 정적인 정인홍 일파에 의해, 이후에는 당시의 집권층인 서인과 노론 일파에 의해 견제를 피할 수 없었다.

1863년 철종이 재가함으로써 1세기 반 만에 사액이 이루어졌다. 하지만 철종이 갑작스럽게 승하하며 새로운 이름을 받지 못하고 기존의 이름을 그대로 눌러쓰게 되었다. 이로써 훗날 서원 철폐의 칼바람은 피할 수 있었으나 병산이라는 이름은 끝내 벗어던지지 못했다.

병산과 병산 앞으로 흐르는 낙동강
병산서원은 수 세기 동안 병산과 운명적으로 마주하고 서 있다.

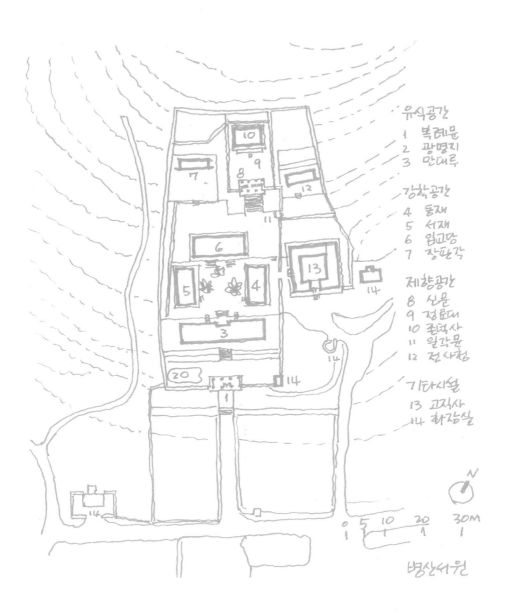

열두 폭 병풍으로 병산을 품은 병산서원

유식공간
1 복례문
2 광명지
3 만대루

강학공간
4 동재
5 서재
6 입교당
7 장판각

제향공간
8 신문
9 정료대
10 존덕사
11 일각문
12 전사청

기타시설
13 고직사
14 화장실

0 5 10 20 30M

병산서원

병산을 처음으로 맞이하는 복례문

주차장에서 병산서원을 올려다본다. 류성룡 선생의 담대함과 이순신 장군의 장대함이 병산을 지키는 듯하다. 부드러운 화산 줄기가 굽이굽이 흐르고 그 아래 만대루의 기와지붕이 일자로 걸린다. 황토 흙길을 따라 선비의 열정을 상징하는 배롱나무가 열 지어 마중하고 저만치 솟을대문이 고개를 세운다. 정면 3칸, 측면 1칸 규모에 팔작지붕을 한 복례문復禮門이다. 6단의 계단 위에 우뚝 선 복례문의 가운데 칸은 출입문으로 좌우 칸보다 키가 한 품 높다. 서쪽 칸에는 선반을 걸어 제수祭需 운반용 가마를 올려놓고, 동쪽 칸에는 탈 것 등을 보관한다.

복례는 『논어』「안연顔淵」 편의 "극기복례위인克己復禮爲仁"에서 따온 글자로, 자신의 사욕을 이겨 예로 돌아가는 것이 곧 인仁이라는 뜻이다. 복례문은 동재 동직재動直齋와 서재 정허재靜虛齋가 함축하는 극기와 짝을 이룬다. 예로써 극기하는 마음을 기르고, 인을 기르기 위해 성현의 가르침을 행할 것을 말하고 있다.

「입교당중수일기」에 따르면 복례문은 원래 만대루 동쪽에 있었으나 1921년 현재의 위치로 이건했다. 초기에 복례문은 풍수지리에 맞추어 만대루 동쪽에 위치하며 병산의 산살에 홀로 맞섰다. 하지만 복례문이 동쪽에 지우쳐 대칭구조를 유지하지 못하자 서원의 위계를 살리기 위해 현재 위치인 만대루 앞으로 이전하여 직선축을 형성했다.

복례문으로 들어서면 왼쪽에 광영지光影池란 이름의 연지가 앉아 있다. 하늘은 둥글고 땅은 네모나다는 천원지방天圓地方의 원리에 따라 땅을 상징하는 네모난 연못 속에 하늘을 상징하는 둥근 섬을 둔 모습이다. 서원으로 출입하는 유생들의 마음을 닦고 맑은 성품을 길러

복례문과 광영지
세 칸으로 된 복례문으로 들어가면 왼쪽으로 천원지방의 원리를 따른 광영지가 보인다.

준다는 수심양성修心養性을 목적으로 한다. 연못에는 선비의 지조를 상징하는 연꽃을, 그 주위에는 대나무와 배롱나무를 심었다.

일곱 병풍으로 병산을 품은 만대루

자연 축대 위로 웅장하게 선 만대루는 건물의 골격만으로 보는 이를 사로잡는다. 특별한 장식 없이 골격만으로도 담백하고 장엄하다. 거대한 붓으로 자연 위에 일자를 그어놓은 듯하다.

투박한 원형기둥들이 생긴 모습 그대로 덤벙주초 위에 올라타 있다. 정면 7칸, 측면 2칸의 누마루를 받치는 1층 공간에 18개의 구불텅한 나무기둥이 그림자를 드리운다. 무익공 3량가구의 만대루 1층 기둥을 노출한 것은 병산의 압력에 무모하게 대항하지 않으려는 뜻으로 읽힌다. 기둥 사이의 공간을 막아 헛간으로 쓰거나 그 흔한 삼문조차 달지 않은 것은 산살에 맞서지 않고 자신을 비우려는 것이다.

도열한 기둥 사이로 빠져나오자 마름질한 석축이 허리 높이로 막아선다. 서양식 메자닌Mezzanine으로 마당이 누마루의 어깨 높이 정도에서 시작된다. 6단의 계단이 손을 내밀어 마당으로 이끈다. 마당에서는 반 층 높이로 난 통나무계단이 2층 누각으로 이끈다.

2층 누마루에 서서 병산을 바라본다. 낙동강 줄기가 절벽을 거느리고 동쪽으로 흘러들어와 서쪽 하회마을로 빠져나간다. 만대루의 2층 누각은 기둥과 난간을 제외하고는 어떠한 칸막이도 설치하지 않고 속이 훤히 드러나는 들보로 팔작지붕을 받치고 있다. 기둥 밖으로 계자

만대루
만대루는 병산의 살기에 맞서기보다 스스로를 비워 대범하게 병산을 맞이한다

만대루 1층 다른 서원과 달리 1층 공간을 활용하지 않고 비워두었다.

각 난간을 두르고 사방을 뻥 뚫어 놓아도 허전하기는커녕 자연으로 넉넉하다. 서원 일곽의 풍경이 열여덟 병풍 속에 시나브로 걸린다.

만대루는 화산 줄기에 서서 아무것도 두르지 않은 빈 몸으로 병산 자락을 대범하게 초대한다. 유학자의 꼿꼿한 기개를 보는 듯 반듯하게 다듬어진 누각기둥이 예를 갖추어 병산을 맞이한다. 처마는 그늘을 드리워 병산의 산살을 가만히 덮어준다.

만대루는 지형의 단점을 장점으로 치환한 공간이다. 벽과 창호 없이 개방된 7칸 규모의 누각은 수 세기 동안 병산의 살기를 걸러낸 거름막이었다. 만대루는 잘 걸러낸 생기를 강학 공간에 쉼 없이 불어넣는다.

| **만대루 2층** 1층과 마찬가지로 어떠한 칸막이도 설치하지 않고 뚫어 놓았다. 빈 공간은 자연으로 채워진다.

어설픈 차경이 아니라 7폭 병풍으로 병산의 파노라마를 두르고 강당을 품고 있다.

만대루는 두보의 오언율시 「백제성루白帝城樓」에 나오는 "취병의만대翠屛宜晚對(푸른 절벽은 해질녘에 마주하기 마땅하다)"에서 따온 명칭이다. 노을이 땅거미를 그리며 푸른 절벽을 붉게 물들이면 붉은 적삼을 걸친 병산이 강줄기를 따라 느릿느릿 걷는다. 어둠이 자리를 깔면 산과 강줄기는 어깨동무하고 달빛 속으로 드러눕는다. 자연과 나의 몸이 하나 되는 순간이다.

만대루를 화폭처럼 잡고 있는 동직재와 정허재

유생들이 잠자며 공부하는 동직재와 정허재는 정면 4칸 측면 1칸에
툇마루를 내민 납도리집(기둥 위 도리와 장여 사이에 소로가 없는 목구조)이다.
동직재는 나이가 많고 학식이 높은 선비들, 정허재는 어린 유생들의
기숙사였다. 좌우로 각각 1칸과 2칸의 온돌방이 있고 그 사이 1칸은
마루다. 1칸짜리 마루에는 동쪽과 서쪽으로 각각 열 수 있는 양여닫
이문을 달아 자연을 받아들였다.

　동직재의 동창을 열면 멀리 병산 줄기가 들판으로 가라앉고, 정허재
의 서쪽 들창문을 열면 멀리 하회마을의 안산인 마늘봉이 걸린다. 마
늘봉은 문필봉文筆峯 형상을 하고 있는데, 문필봉이 보이는 곳에 선비
가 나온다는 고사에 따라 창문을 설치한 것이다. 동직재와 정허재에
는 모두 만대루 쪽으로 대청마루가 나 있지 않다. 이는 면학 분위기를
조성하려는 의도로 보인다.

　동직재와 정허재의 현판은 마루방 쪽 출입문 상부에 걸려 있다. 동
직재와 정허재는 주돈이의 『통서通書』 제20장 「성학聖學」에서 따온 명
칭으로, 각각 '거동을 바르게 하라'와 '한결같음이 욕심이 없는 것이요,
욕심이 없으면 텅 비고 곧게 되고, 텅 비면 밝아지고 천하의 이치를 깨
닫는다'를 뜻한다. 동직재와 정허재는 극기 공부로 인을 이룬다는 의미
를 함축한다. 정허재의 북쪽 방에는 책을 보관하는 곳이라는 뜻의 장
서각 현판이 걸려 있다.

동직재

병산서원의 다른 건물과 마찬가지로 자연을 받아들이는 공간이다.

병산의 생기로 유생을 키워내는 입교당

병산서원의 배치는 ㅁ자 구조로 지극히 담백하다. 만대루 2층 누각에서 강당인 입교당立敎堂을 바라보면 처마 아래로 동직재와 정허재가 입교당을 향하여 고개를 숙인다. 입교당에서 만대루를 바라보면 동직재와 정허재가 양팔로 만대루 화폭을 잡고 병산을 그리는 듯하다.

입교당으로 한 발 다가서면 알 수 없는 문향이 풍긴다. 입교당은 만대루가 걸러낸 병산을 받아들여 강학 공간의 의지를 세우고 있다. 만대루를 바라보면 긴 칼을 차고 수루戍樓에 올랐던 이순신 장군이 떠오르고, 입교당을 바라보면 더 이상의 전란은 없어야 한다는 사명감으로 『징비록』을 썼던 류성룡 선생이 떠오른다. 만대루가 병산의 살기를 걸러 강학 공간으로 맑은 기운을 밀어 넣었다면 입교당은 그 기운을 받아 유생들을 길러냈다.

입교당은 유생들이 배워야 할 성현의 가르침을 바르게 세운다는 뜻으로, 병산의 생기를 받아 학문을 하면 학자로서 성장할 수 있음을 의미하는 이름이다. 건물 규모에 비해 다소 큰 두 개의 계단이 입교당의 기단 위로 걸려 있다. 시선이 처마 아래의 병산서원 현판으로 가닿는다. 현판 아래로는 정료대가 한 치의 흐트러짐 없이 강당의 중심축을 잡아주고, 그 앞으로는 훗날 심은 무궁화와 청·홍매화가 잔가지를 촘촘히 세우고 있다.

강학 공간의 중심답게 정면 5칸 측면 2칸의 5량가구에 팔작지붕 겹처마 건물이지만 만대루의 위용에 눌리는 기색이다. 강당 좌우측 1칸은 온돌방인 협실이고 중앙 3칸은 대청마루다. 노출된 연등천장 속의 대들보에 지난 세월의 흔적이 거뭇거뭇하다.

대청마루에 앉아 만대루를 바라본다. 병산이 대청마루에 그림자를 길게 그리며 만대루 기와지붕을 이등분하여 반은 자신의 품에 안고 반은 서원의 품으로 돌려준다. 그 순간 병산은 살기를 내려놓고 구름 조각으로 흐른다. 병산을 품은 만대루는 사진으로 보기보다 현장에서 시시각각 변하는 그 생기를 만날 때 더 깊은 운치를 자아낸다.

대청마루 북쪽 문을 열어재끼면 세 개의 액자로 뒷마당의 풍경이 걸린다. 만대루가 열린 액자라면 입교당의 북쪽 창문은 닫힌 액자다. 서쪽으로 장판각이, 동쪽으로 존덕사와 전사청이 한눈에 들어온다. 대청마루에 앉아 서원 경내를 둘러보니 마치 정밀하게 조작된 한 폭의 그림 같다.

명성재明誠齋라는 현판을 단 동쪽 협실은 원장이 기거하던 곳이다. 『중용』 21장의 "성誠으로 말미암아 밝아짐을 성性이라 이르고, 명明으로 말미암아 성해짐을 교敎라 하니, 성誠하면 밝아지고 밝아지면 성誠하게 된다"에서 따온 명칭으로, 글로써 배우지 않고도 천명을 따르는 성인을 일컫는다. 서쪽 온돌방은 경의재敬義齋로 유사들이 기거하던 곳이다. 스스로 수양하며 의로써 행동의 판단 기준을 삼는다는 의미로 『주역』의 '경'에서 따왔다.

강당 뒤로 멀찌감치 서 있는 납도리집 장판각藏板閣은 책을 찍어내는 목판과 유물을 보관하던 곳이다. 대청에서 바로 보이는 곳에 설치한 이유는 수시로 감시하기 위함이었다. 습기를 방지하기 위해 바닥은 지면에서 한자 띄웠고 벽체는 판벽으로 막았다. 지금은 관리를 위해 장판각의 목판과 유물들을 모두 국학진흥원으로 옮긴 상태다.

동쪽 담장 밖으로 지붕을 드러내고 선 고직사庫直舍는 서원에 필요한 제반 물품을 준비하고 관리하던 곳으로, 예전에는 유생들의 식사를 담당하는 정지지기와 사당을 관리하는 사당지기 등이 함께 살았

만대루에서 바라본 강학 공간
정면으로 입교당이 보이고, 동직재와 정허재가 전교당을 향해 고개를 숙인다.

| **장판각** 수시로 감시하기 위해 입교당 대청에서 바로 보이는 곳에 설치했다.

다. 안동 지방의 전형적인 살림집인 뜰집 모양을 한 고직사는 다른 서
원에 비해 그 규모가 크다. ㅁ자 평면으로 방, 헛간, 고방, 방앗간, 부엌
등으로 구성된 고직사를 보니 병산서원의 활동 규모를 짐작할 수 있을
듯하다.

병산의 삼봉우리를 바라보는 존덕사

복례문에서 입교당으로 향하는 축선에서 존덕사만이 동쪽으로 비켜나 있다. 이는 강당 동쪽에 사당을 세운다는 주희 『주자가례朱子家禮』의 원칙을 따른 것이다.

배치상으로는 강학 공간과 만대루가 하나의 얼개로 묶이고 존덕사가 별개의 공간으로 떨어져 전저후고의 위계를 따른다. 도산서원에서 강당 영역과 사당 영역이 담과 계단으로 분리된 것에 비해 병산서원에서는 존덕사로 진입하는 넓은 계단과 화단이 강당 영역으로 유입되어 두 공간이 자연스럽게 어우러진다. 이는 강학이 주요 기능이고 제향 공간은 학문의 방향이라는 병산서원의 이념을 반영한 배치다. 류성룡 선생을 학문의 선각자로 모시며 공부하는 학교이기에 믿음으로는 불러들이지 않겠다는 뜻이다. 이는 서원의 구조에 대한 퇴계의 일관된 생각을 류성룡 선생의 제자들이 따른 것이다.

입교당 동쪽 마당은 향사를 모시는 제관들이 도열하는 곳이다. 잘 가공된 화강석 층층계단을 오르면 좁은 참이 나오고 이어서 5단의 계단이 존덕사의 출입문인 내삼문으로 이어진다. 정면 3칸 측면 1칸의 내삼문은 맞배지붕으로 장초석이 전면 기둥을 받치고 있다. 8괘가 붉게 새겨진 기둥 뒤로 태극무늬가 선명하다. 계단 양옆으로 잘생긴 배롱나무 꽃다발이 선비정신을 되새긴다.

오른쪽 문으로 들어서면 기단 위에 정면 3칸, 측면 2칸의 5량가구인 존덕사가 맞배지붕을 세우고 있다. 초익공 겹처마로 단청 옷을 입은 존덕사의 붉은 기둥과 노랑 벽면, 푸른 문이 수직으로 나란하다. 동쪽 계단 옆에는 헌관이 손을 씻는 관세대盥洗臺가 있고 대청 방향에 팔각

태극무늬로 장식한 내삼문은 존덕사로 이어진다. 존덕사의 시선은 병산의 중간 정도 높이의 봉우리를 향한다.

석주의 정료대가 있다.

존덕사에서 병산을 굽어보면 내삼문 위로 병산의 세 봉우리가 굽이 친다. 존덕사가 향하는 곳은 동쪽의 높은 봉우리와 서쪽의 낮은 봉우리 사이의 가운데 봉우리다. 이는 지나치지도 모자라지도 않으려는 성리학자의 마음이다. 중국 건물의 좌향坐向은 주로 가장 높은 봉우리를 향하지만 한국의 서원은 천인합일의 중용을 취하려는 듯 중간 높이의 봉우리를 향한다.

지형을 극복한 건축의 비밀

병산서원을 찾는 사람은 누구나 낙동강 줄기를 따라 펼쳐진 모래사장을 걸으며 병산의 위용과 마주한다. 그리고 만대루의 담백한 건축 공간에 감탄한다. 만대루가 간직한 공간적인 비밀을 눈치채지 못할지라도 만대루 앞에 서면 누구나 마음이 먼저 열릴 것이다.

병산서원은 지형적인 장애를 건축으로 극복한 걸작이다. 수 세기 동안 그 자리에서 서서 사람들의 탄성을 자아내게 한 병산서원의 저력이기도 하다. 위대한 문장이 간결한 구조로 사람들에게 감동을 주듯 위대한 건축물 역시 담백한 구조만으로 지울 수 없는 울림을 선사한다.

병산서원 또한 마찬가지다. 만대루는 홀로 병산과 마주 서서 그 살기를 포용한다. 상대를 제압하기 위해 술수를 쓰지 않고 자신의 가슴을 열어 담대하게 병산의 살기를 품는다. 그렇다고 해서 강학 공간의 좌장座長인 입교당의 전망을 가리거나 공간적으로 누르지도 않는다.

만대루는 병산의 살기를 발라내 부드러운 생기만을 남겨 강학 공간에 끊임없이 불어넣는다. 도산서원 농운정사의 지숙료와 소수서원 명륜당의 대청마루가 외부의 맑은 공기를 하루 종일 한지 창문으로 걸러내어 실내 공간에 불어넣는 것과 닮아 있다.

입교당의 대청마루에 앉아 만대루를 바라보면 치열한 세상에 상처받은 외면의 마음과 아무리 노력해도 따라갈 수 없다며 자포자기하고 누워버린 내면의 마음이 서로 마주보는 듯하다. 만대루는 세상과 싸우지 말고 열린 가슴으로 품으라 말하고, 입교당은 세상의 모서리에 찔린 아픈 마음을 어루만지며 스스로 일어나라고 다독인다. 이렇듯 5세기 동안 사람을 키우고 살려낸 힘은 여전히 살아 있다.

만대루는 뚫린 공간으로 병산을 받아들인다. 담백한 구조만으로 병산의 살기를 품고 사람들에게 울림을 준다.

2장

·

시대의 비탈길을 걸어가다

정여창 선생의 **남계서원**

이언적 선생의 **옥산서원**

김굉필 선생의 **도동서원**

정여창 선생의
남계서원 藍溪書院

숲을 등에 지고 강을 바라보는 곳에
남계서원이 앉아 있다.
남계서원은 대쪽 같은 정신으로
후학들의 존경을 받은 일두 정여창을 모신
서원이다.

남계서원은 연화산 끝 줄기에 고고한 학 한 마리가 남계로 부리를 세우는 모습으로 앉아 있다. 소나무 숲을 날개 삼아 남계들판 너머 지리산을 굽어보는 듯하다. 남계서원의 배치는 크게 언덕 위의 사당 영역과 언덕 아래의 유식, 강학 공간으로 나뉜다. 이는 강학 공간을 먼저 짓고 사당을 나중에 짓다 보니 자연스럽게 나타난 배치다. 강학과 유식 공간이 엄격하게 분리되기 이전의 건축 구조에서 정여창 선생의 정신을 느낄 수 있다.

천지간의 좀벌레 일두 정여창

일두—蠹 정여창(1450~1504)은 하동 정씨로 시호는 문헌文獻이다. 일두
는 '천지 간의 한 좀벌레'라는 뜻이다. 그는 '책만 보는 서생'이라는 의
미로 스스로를 낮추어 불렀다. 그는 남계서원灆溪書院 서북쪽 개평리
에서 증가정대부 한성부좌윤 육을의 아들로 태어났으나 일찍이 아버
지를 여의고 김종직의 문하에서 학업을 닦았다. 1480년 성종(재위
1469~1494)이 성균관에 유서를 내려 경학에 밝고 행실이 바른 사람을
청했다. 그때 첫 번째로 천거된 인물이 바로 정여창 선생이었다. 1483
년 사마시에 합격하여 성균관에 입학하자 동료들이 그를 학생 대표로
추천한 데서 그의 됨됨이를 짐작할 수 있다.

　1486년 성균관에서 수학하던 중 어머니가 이질에 걸리자 아무도 곁
에 가지 않으려 했으나 그는 어머니를 극진히 간호했다. 어머니가 돌아
가시자 상복을 벗지 않고 3년 동안 시묘살이를 했으며 지리산 아래 섬
진나루에서 은둔했다. 그는 재산을 공평하게 나눌 정도로 형제간에
우애가 깊었다. 1490년 사정 조효동과 참의 윤경에 의해 소격서 참봉
에 제수되었으나 사양했다. 한때 연산군(재위 1494~1506)을 가르치기도
했지만 그는 기본적으로 동궁을 싫어했다.

　1494년 안음현감으로 부임한 후 조세로 고통받는 백성들을 위해 백
성이 마땅히 편하게 살아야 할 열 가지 규칙인 편의수십조便宜數十條
를 지어 시행한 지 1년 만에 백성들로부터 칭송을 들었다. 틈틈이 총명
한 자제를 뽑아 친히 교육했고 양로례養老禮(나이와 덕 있는 사람을 숭상함)
를 행했으며, 돈이 없어 결혼하지 못하는 젊은이들을 위해 내외청을
설치하는 등 백성들의 삶을 개선하는 데에 주력했다.

김종직이 1498년 무오사화의 직격탄을 맞자 김종직의 제자였던 정여창 선생 또한 위기에 처했다. 함경도 종성으로 유배된 그는 1504년 54세의 나이로 유배지에 숨을 거두었다. 그의 제자들이 무려 2달에 걸쳐 시신을 함양으로 옮겨와 남계서원 뒤 승안산 기슭에 묻었다.

그해 가을 갑자사화에 연루되어 그의 가장 가까운 친구 한훤당 김굉필이 사사賜死되었다. 그때 정여창 선생의 시신조차 부관참시되었다. 하지만 1506년(연산군 11) 중종반정으로 복권되었으며 정여창, 김굉필 선생은 동국도학東國道學의 으뜸으로 숭상되었다. 정여창 선생은 1517년(중종 12) 대광보국숭록대부 의정부 우의정에 추증되었고, 1568년(선조 1)에는 문헌공이라는 시호가 내려졌다. 이후 1610년(광해 2) 정몽주, 김굉필, 이언적, 조광조와 더불어 동방5현으로 문묘에 종사되었다.

남계서원에 종향된 동계 정온 또한 스승의 지조를 닮았다. 1636년 병자호란이 일어나자 남한산성까지 인조를 모셨으나 인조가 항복하자 자결을 시도했다. 남계서원에 종향된 또 다른 제자인 개암 강익 역시 스승의 유지를 본받아 일생을 남계서원의 건립과 운영에 전념했다. 평소 실천 중심의 학문을 강조했던 강익의 시가 『한국의 서원유산 1』에 다음과 같이 전해온다.

우리 도가 이미 꺼져감이 안타까운데 선생 귀양 가신 지 몇 해이던가. 늠름한 유풍은 공경을 일으킬 만하니 지금의 거친 사람들 마름질 할 수 있으리.

정여창 선생의 지조를 본받아 세상을 마름질하려는 소망을 노래하고 남계서원이 정여창 선생의 정신을 계승하여 선비들을 양성하는 학문의 전당이 되어야 함을 밝혔다. 정여창 선생은 남계서원 외에도 나주의 경현서원景賢書院, 합천의 이연서원伊淵書院, 거창의 도산서원道山書院, 종성의 종산서원鍾山書院 등에 제향될 정도로 후학들로부터 많은 존경을 받았다.

한국 서원 구조가 정착된 **남계서원**

소나무 숲 사이로 남계서원이 도드라지게 앉아 있다. 남계는 오늘날 서원 앞으로 흐르는 남강의 옛 이름이다. 한 마리의 학이 연화산 끝 줄기에서 소나무 숲을 날개 삼아 부리를 세우고 남계들판 너머 지리산을 굽어보는 듯하다. 남계를 중심으로 주변 산이 높지 않고 시야가 개방된 배치를 풍수에서 연화부수형蓮花浮水形이라 부른다.

승안산 기슭에는 정여창 선생의 묘소가, 남계 건너 북쪽 들판에는 후손들이 살고 있는 개평마을이 있으며, 남계 상류에는 용추와 화림구곡이 굽이친다. 남계를 품은 함양은 예로부터 문향이 피어나는 선비의 고을이었다. 낙동강 왼쪽으로 안동에서, 오른쪽으로 함양에서 인재가 난다고 했다. 함양 출신의 옥계 노진은 그의 시에서 "우리 고장은 예부터 문헌이 성하여 아이들도 흔하게 글자를 알았다네"라고 적기도 했다.

소수서원을 건립하고 9년 후인 1552년 강익이 유림들의 지지를 얻어 남계서원의 건립을 주도했다. 당시 군수였던 서구연의 지원으로 공사가 시작될 수 있었다. 한국 서원의 세 가지 구성 요소인 유식, 강학, 제향 공간은 소수서원이 세워지고 10년이 지나 남계서원에서 본격적

남계서원 전경

남계서원은 소나무 숲 사이에 앉아 들판 너머로 지리산을 내려본다.

으로 나타났다. 유식과 강학, 제향 공간은 서원의 목표인 장수를 실현하기 위한 장치다.

군수가 교체되며 공사가 지지부진하다가 7년이 지난 1559년에야 겨우 명성당明誠堂과 사당을 짓고 정여창 선생의 위패를 모셨다. 『한국의 서원유산 1』에 따르면 1563년 함양군수 김우홍의 도움으로 12년 만에 동재 양정재養正齋와 서재 보인재輔仁齋를 짓고 작은 연못에 연꽃을 심어 서원의 틀을 갖추었다고 한다. 강익의 『남계서원기灆溪書院記』에 남계서원이 사당과 강당, 동·서재를 포함하여 총 30여 칸이었다는 기록이 전해온다. 1566년 강익을 주축으로 함양 유림들이 사액을 청하니 명종이 남계라는 사액을 내렸다. 이는 소수서원과 임고서원臨皋書院, 수양서원首陽書院 다음으로 받은 사액이다.

1597년 정유재란으로 함양 일대가 초토화되자 진경윤과 정경운이 서원의 서책을 모두 옮기고 위판을 땅에 묻었다. 『한국의 서원유산 1』에 당시의 상황을 적은 정경운의 글이 실려있다. "내가 서원에 가서 위판을 감춘 곳을 헤쳐 보니 2년 동안이나 흙속에 있어도 한 군데도 상한 곳이 없었다. 분칠한 면이 새롭게 만든 것과 같았고, 자획도 깎인 곳이 없었다(중략)" 초기 강익이 지은 서원의 위치는 명확하지 않으나 정유재란 후 나촌羅村(정여창 선생의 생가가 있는 남계천의 주변)으로 옮겼고, 홍수가 잦아 논란 끝에 1612년 함양군 수동면 원평리에 있는 지금의 자리에 다시 지어 위패를 모셨다. 사당의 위치가 강당보다 월등히 높은 것도 나촌의 변고를 반복하지 않으려는 고육지책으로 보인다.

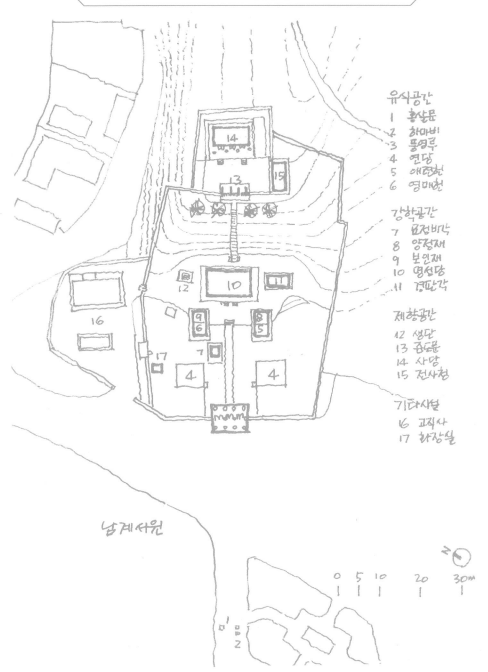

남계들판과 두류산(지리산) 만청봉을 끌어보고 있는 남계서원

유식공간
1 홍살문
2 하마비
3 풍영루
4 연당
5 애련헌
6 영매헌

강학공간
7 묘정비각
8 양정재
9 보인재
10 명성당
11 경판각

제향공간
12 생단
13 금도문
14 사당
15 전사청

기타시설
16 교직사
17 화장실

남계서원

N

0 5 10   20   30m

지리산 그림자를 부르는 풍영루

들판 사이로 남계가 유유히 흐르고 그 앞으로 백암산줄기가 지리산 만첩봉 사이로 굽이친다. 오늘날 남계는 직선으로 흐르지만 예전에는 서원 앞으로 굽이치며 흘렀다고 한다. 홍살문에서 풍영루風詠樓에 이르는 진입축은 직선길이다. 홍살문이 서원의 상징적인 대문이라면 풍영루는 실질적인 대문이다.

홍살문 앞에서 남계서원을 바라보면 풍영루 뒤로 명성당과 사당이 연화산줄기에 안긴다. 화강석 기둥 위로 계자난간을 두른 누각에서 선비의 풍표가 엿보인다. 기왓장을 눌러쓴 담장이 누마루보다 한 품 낮게 외삼문 좌우로 나란하고, 담장 위로 성큼 올라탄 2층 누각은 남계 들판으로 성큼 발을 내민다. 혼이 다니는 중앙 문이 사람이 다니는 좌우 문보다 조금 더 크다. 화강석 석주 위에 올라탄 2층 누각은 정면 3칸, 측면 2칸의 겹처마 팔작지붕으로 되어 있다.

풍영루는 서원이 자리 잡은 후 꽤 긴 시간이 지나 19세기 전반에 세웠다. 공자와 제자 증점의 대화 중 풍호무우風乎舞雩와 영이귀詠而歸에서 한 자씩 따온 명칭으로, 풍광을 즐기고 시가를 읊조린다는 뜻이다. 안쪽으로는 준도문遵道門이라는 현판이 걸려 있다. 준도문은 "군자가 도를 좇아 행하다가 중도에서 그만두기도 하지만 나는 그만둘 수가 없다君子遵道而行, 半塗而廢, 吾弗能已矣"라는 『중용』의 글에서 빌려왔다.

북동쪽 모서리에 놓인 가파른 나무계단으로 2층 누각에 오르면 웅장함은 일순간 개방감으로 바뀐다. 남계를 쳐다보는 순간 들판 뒤로 지리산 만첩봉이 굽이친다. 돌아서서 서원을 쳐다보면 강학 공간 뒤로 첩첩 언덕 위에 사당이 당당하게 서 있다. 정여창 선생이 호방하게 팔을 벌리고서 지리산 호연지기를 불러 모으는 듯하다.

남계서원의 「풍영루기風詠樓記」에 다음과 같은 글이 적혀 있다.

이 다락에 오르면 넓어지는 마음과 편안한 정신이 자연 속에 자맥질하여 유연히 스스로 얻은 뜻이 있다. 두류산 만첩 봉우리와 화림

풍영루 남계서원의 실질적인 대문인 풍영루에서 들판과 강학 공간을 두루 굽어볼 수 있다.

　천 아홉 굽이 흐름에서 정여창 풍표를 보고 선생의 기상을 우러러
볼 수 있으니, 흡사 선생을 모신 자리에서 증점이 쟁그랑하고 비파
를 밀쳐놓던 뜻이 있는 듯해서 풍영루라고 이름 하였다.

　풍영루에 오르면 비파를 타듯 지리산 자락과 화림계곡의 유장한 생
기에 손을 내밀어 자연과 어우러질 수 있다는 뜻이다. 들판을 감돌아
흐르는 남계의 시냇물과 지리산 만첩봉에 정여창 선생의 풍표를 담아
냈다. 오늘날 남계서원에서 당시의 풍류는 느낄 수 없지만 저녁 노을
에 풍영루에 오르면 지리산의 그림자가 겹겹이 포개지며 지평선 끝으
로 날아간다.

강학 공간에서 바라본 풍영루와 풍영루에서 바라본 강학 공간

누각의 시선을 기다리는 **연당**

풍영루를 지나 마당으로 다가서면 좌우 연당에 파란 하늘이 떠 있다. 제자들은 정여창 선생이 생전 좋아했던 주희의 시 「관서유감觀書有感」과 주돈이의 「애련설愛蓮說」에 따라 연당을 파고 주돈이가 그토록 아꼈던 연꽃과 매화, 대나무를 심었다. 주돈이는 「애련설」에서 연꽃의 특징을 군자의 성품에 빗대어 다음과 같이 적었다.

진흙에 뿌리를 내리고 있지만 뻘에 물들지 않고
맑은 물결에 씻겼으나 요염하지 않고
속은 비어 있으되 밖은 곧으며
덩굴지지도 않으며 가지치지도 않았고
향기는 멀어질수록 더욱 맑고 깨끗하여
멀리서 바라보지만 함부로 가까이할 수 없기에 사랑한다.

두 개의 연당은 호박돌로 가지런히 쌓아올린 석축에 안겨 있다. 누각 쪽으로 물길을 내고 진입로에서 연당 바닥으로 이어지도록 낮은 계단을 설치했다. 바라보는 것에서 멈추지 않고 물의 촉감을 손끝으로 느끼려는 마음이 계단에 놓여 있다. 더없이 맑은 자아를 닦고자 했던 주희의 사상과 세속에 휩쓸리지 않으려는 군자의 정신을 함께 담았다.

키 낮은 송, 죽, 매가 연당을 바라보고 꽃이 나비와 벌을 기다리듯 방당이 누각의 시선을 기다린다. 서원 초기 풍영루가 서지 않았을 때 연당의 주인은 양정재와 보인재 앞으로 다리를 길게 늘어뜨린 손바닥만 한 애련헌愛蓮軒과 영매헌咏梅軒이었다.

남계서원 강학 공간
남계서원에서 유식과 강학 공간은 엄격하게 분리되지 않는다. 양정재와 보인재가 명성당 앞에 마주 서지만
작은 누각을 달아 연당으로 시선을 트여 놓았다.

작은 연당을 지나면 묘정비廟庭碑가 홀로 창살을 두르고 비각을 세우고 있다. 맞배지붕에 둥근 풍판을 달고 뜰을 지키고 서 있는 묘정비는 서원이 세워진 지 200여 년 뒤 봉사손奉祀孫이었던 정덕제에 의해 세워졌다.

유식과 강학 기능이 합쳐진 양정재와 보인재

동재 양정재와 서재 보인재가 뭉툭한 나무기둥 발을 세우고 손바닥만한 누각 애련헌과 영매헌을 받치고 있다. 하나의 공간에서 수평과 수직의 공간 분화가 동시에 일어난다. 양정재와 보인재는 강당 앞에 마주 서 있지만 애련헌과 영매헌은 연당으로 슬쩍 고개를 내민다.

현판은 각각 처마와 누각에 달려 있다. 양정재는 『주역』의 「몽괘蒙卦」에서 따온 명칭으로, "어릴 때부터 바름을 기르는 것이 성인의 공덕이다"라는 뜻이며 보인재는 『논어』의 "군자는 글로써 벗을 사귀고 벗으로써 인仁을 돕는다"라는 증자曾子의 말에서 따온 것이다. 양정재와 보인재의 한편을 차지하는 애련헌과 영매헌에는 정여창 선생이 평소 좋아했던 연꽃과 매화의 향을 쫓는 선비의 멋이 담겨 있다.

나무기둥으로 애련헌과 영매헌을 받쳐 한 층 들어올리고 누각 아래에 아궁이를 마련했다. 아궁이 위로 한 층 들어 올려 석축을 쌓고 양정재와 보인재 온돌방을 설치했다. 한 지붕 아래 3개의 공간이 기능적으로 연계되어 있다. 앙증맞은 누각은 초기 유식 공간이 강학 공간에서 분화되기 이전의 구조를 드러낸다. 남계서원은 강학 공간과 유식

명성당에서 바라본 마당

양정재와 보인재는 명성당을 향하지만 각각 딸려 있는 애련헌과 영매헌은 연당을 향한다.

공간이 한 몸처럼 끌어안고 있는 최초의 실험작으로, 이후 강학 공간과 유식 공간이 분리되어 누각이 별도의 공간에 자리 잡게 되었다.

손바닥만 한 애련헌의 서쪽은 판벽으로 막고 가운데에 여닫을 수 있는 나무 창문을 달았다. 보인재와 양정재는 서로 마주보는 강학 공간이지만 애련헌과 영매헌은 연지 쪽으로 마음이 향하는 유식 공간이다. 애련헌에 올라 누마루의 판벽에 걸린 여닫이 판문을 여니 액자 속에 걸린 연당이 눈길을 당긴다. 남계서원의 유생들은 평소에는 창문을 닫아 학문의 공간으로 편입했다가 화창한 날씨에는 창문을 열어 연, 죽, 매를 품었을 것이다. 선비에게 연꽃과 매화는 포획의 대상이 아니라 사유의 대상이었다. 애련헌과 영매헌은 눈으로 꽃을 품고 가슴으로 향을 삭여 마음으로 음미하는 공간이었다.

정경운의 『고대일록孤臺日錄』에 17세기 초 남명 조식과 한강 정구가 용추와 화림구곡을 돌아보고 나서 남계서원을 방문했다는 기록이 있다. 용추와 화림구곡은 함양 일대의 유식 공간이었다. 연당의 의미가 선비의 지조와 절개로 확장되듯, 애련헌과 영매헌의 의미 또한 용추와 화림구곡으로 확장됐다. 옛 선비들은 애련헌과 영매헌을 보기 전에 용추와 화림구곡을 방문하여 지리산(두류산) 자락의 생기를 먼저 마셨다고 한다. 공간적으로는 작은 누각이지만 선비들은 애련헌과 영매헌에 올라 용추와 화림구곡을 떠올렸을 것이다. 남계서원의 연당과 애련헌, 영매헌은 선비들이 마음속에 품었던 유식 공간의 축소판이었다.

양정재와 보인재
재사가 제각기 누각을 달고 있는 것은 다른 서원에서는 볼 수 없는 모습이다.

이치를 밝혀 행동하는 명성당

명성당이 축대 위에 가부좌를 틀고 앉아 양정재와 보인재를 거느리고 우뚝하다. 정면 4칸, 측면 2칸 규모의 팔작지붕을 쓴 익공집이지만 위압적이지는 않다. 양쪽 끝 1칸씩은 온돌방으로 된 협실이고 가운데 2칸은 대청마루다. 대청마루 처마 아래로 각각 남계와 서원이라 쓰인 현판이 따로 걸려 있다. 건물의 양 끝에 협실을 마련하다보니 대청마루 중앙에 기둥이 박혀 전망을 가르기 때문이다.

명성당 현판은 대청마루 뒷벽 중앙에 홀로 걸려 있다. 『중용』 21장에서 빌려온 명칭으로, 이치를 밝히면 행동한다는 것을 의미한다. 명은 이치를 밝히는 것으로 '지知'에 해당하며 성은 성실한 것으로 '행行'에 해당한다. 명성당의 왼쪽과 오른쪽 협실엔 각각 거경재居敬齋와 집의재集義齋라는 현판이 걸려 있다. 각각 정자의 '거경궁리居敬窮理'와 맹자의 '집의소생集義所生'에서 따온 이름이다. 거경궁리란 몸가짐을 바르게 하고 마음을 집중하여 학문을 단련하는 장수를 의미하며, 집의소생은 호연한 기운은 의가 모여야만 생긴다는 뜻이다. 명성당의 오른쪽에는 경판각經板閣이 단정하게 서 있고 왼쪽에는 생단牲壇이 늙은 향나무 뒤에 파리미드 모양의 화강석 단을 세우고 있다.

명성당이 기단 아래 누각이 딸린 양정재와 보인재를 좌우에 두르고 풍영루를 쳐다본다. 연당은 애련헌, 영매헌과 절묘한 거리에서 서로 마주 본다. 명성당을 중심으로 강학 공간과 유식 공간이 하나의 얼개로 엮여 있는 배치구조는 다른 서원에서는 볼 수 없는 독특한 경관이다.

명성당

남계서원에서 강학 공간과 유식 공간은 명성당을 중심으로 얽혀 있다.

존경심이 가파르게 누워 있는 층층계단

강당 뒤에 다소곳이 앉은 다른 사당과 달리 남계서원의 사당은 높은 언덕 위에 성큼 올라타 지리산을 굽어본다. 풍영루에서 명성당에 이르는 평탄한 길이 사당으로 오르는 순간 가파른 층층계단으로 돌변한다.

오랜 귀양살이 끝에 타향에서 숨을 거둔 스승을 돌아가신 후에라도 제대로 모시려는 제자들의 정신이 가파른 계단에 오롯이 담겨 있다. 이는 강학 공간을 먼저 짓고 나중에 사당을 짓다 보니 생겨난 결과기도 하다. 사당으로 오르는 축은 강당 진입축에서 남쪽으로 한 발 비켜나 있다. 명성당 대청마루 뒷벽에 설치된 두 개의 창문 중 중심에서 벗어난 남쪽 창문에 맞추어 수직 계단이 사당으로 이른다. 이는 강당 동쪽에 사당을 세운다는 『주자가례朱子家禮』 원칙에 따른 것이다.

2단의 작은 계단 너머 도랑 위에 사당으로 오르는 참이 걸려 있다. 낙수구 역할을 하는 참 위에 서니 언덕 위로 사당이 우러러 보인다. 호박돌과 꽃나무로 장식한 언덕이 석축을 쌓아올려 사당을 호위하는 모양새다. 과도하게 높은 언덕을 시각적으로 조정하기 위해 4단의 석축을 쌓고 꽃나무를 심었다.

그 위로는 사당으로 오르는 27여 단의 층층계단이 하늘로 곧추선다. 작은 계단참조차 허락하지 않는 1미터 폭의 돌계단이 5미터 이상 날아오른다. 이는 신전에 오르는 계단에 참이 없는 것과 닮아 있다. 모든 건축은 결국 그 공간을 지은 사람의 마음을 반영하기 마련이다. 강익은 정여창 선생을 향한 존경심을 가파른 돌계단에 담았다. 5미터의 언덕 끝에 2미터의 경사진 단이 나타나고 곧이어 2단을 오르면 마침내 준도문遵道門에 이른다.

사당으로 이르는 수직계단
명성당 뒤로 수직계단이 가파르게 사당으로 이른다.

마음이 산자락으로 날아가는 이름 없는 사당

준도문으로 다가서면 담장 앞으로 배롱나무 네 그루가 사당을 구획하는 3칸 기둥에 맞추어 서 있다. 150년은 족히 넘은 배롱나무가 엄숙한 사당 분위기를 누그러뜨린다. 배롱나무는 한여름 뜨거운 햇살 아래서 거의 한 달 동안 시들지 않고 피어 있다고 하여 선비의 지조를, 나무의 결이 희고 고와서 청결을 상징한다. 붉은 물이 뚝뚝 떨어질 정도로 배롱나무 꽃이 흐드러지게 핀 한여름, 사당의 층층계단을 오르면 대쪽같이 살다간 정여창 선생의 열정이 배롱나무 꽃으로 휘날릴 듯하다.

유네스코 세계문화유산 목록에 등재 신청한 9곳 서원 중 남계서원과 도동서원만 사당 이름이 없다. 생전 절친했던 정여창, 김굉필 선생은 유배 중에 죽은 것도 서로 닮았다. 곧추선 계단 위에 신전처럼 앉은 사당에 이름을 붙이지 않은 까닭이 궁금하다. 강학 공간은 사람의 공간이지만 위패를 모신 사당은 신의 공간이다. 신의 공간에 이름을 붙이는 것을 경망스럽다고 생각했던 것일까. 혹은 유가 수양론의 핵심을 꿰뚫은 정여창 선생의 사당에 이름이란 틀을 씌우는 것을 허망하다 느꼈던 것일까. 붙이지 못한 것이 아니라 붙이지 않은 듯하다.

마당에 들어서니 속세를 벗어난 듯 아늑하다. 낮은 기단 위에 올라타 툇간을 두고 맞배지붕을 한 정면 3칸 측면 1칸의 사당은 하늘 아래 소박한 모습이다. 좌우로 네 단의 세단을 두고 전면의 원형기둥 뒤로 한 품 들여 벽을 세웠다. 제물을 운반하는 중앙문은 여닫이문이고 양 측면은 외쪽문이다. 허리 높이의 얇은 나무 판이 중앙문 좌우로 돌출된 원형기둥과 내벽의 기둥 사이를 가로지른다. 향사를 지낼 때 이 판 위에 음식 그릇을 놓았다가 사당 안으로 들였다고 한다.

사당 전경과 내부

이름 없는 사당에 정여창 선생의 신위와 영정을 함께 모셨다.

사당 내부의 주벽에 정여창 선생의 신위를 모시고 오른쪽에는 영정을 걸었다. 선생의 풍모가 너무 선하고 인자하여 실물이냐고 유사에게 물었더니 선대로부터 내려오는 몇 대조 할아버지와 비슷하게 생겼다는 구전에 따라 그린 것이라고 설명해준다. 좌우 벽에서 정온과 강익의 위패가 영정을 바라보고 있다.

사당 남쪽 기단 아래에 관세대가, 모서리에 정료대가 놓여 있다. 사당 북쪽에는 축문을 태우는 망례위望瘞位가 벽돌만 한 크기의 화강석 덮개로 덮여 있다. 사당 앞마당 남측 담장에 전사청이 서 있고, 서쪽 부엌 한켠에 놓인 들것에는 희생이 남긴 상흔이 곳곳에 피어 있다.

사당 앞에서 탁 트인 들판 너머 아지랑이 낀 남계와 아득하게 지평선으로 나아가는 지리산 자락을 내려본다. 사당 앞에서 전망 경관이 트이는 곳은 남계서원이 유일하다. 눈을 들판을 굽어보지만 마음은 지리산 만첩봉이 그려내는 겹겹의 산자락으로 날아간다.

정여창 선생의 기운을 담다

남계서원의 배치에 대쪽같이 살다 간 정여창 선생의 삶이 담겨 있다. 남계서원의 강학 공간은 언덕 아래 제단처럼 놓여 있다. 풍영루와 명성당이 우뚝하지만 언덕에 올라탄 사당에 비하면 평지나 마찬가지다.

남계서원에서 가장 실험적인 건물은 강학과 유식 기능이 합쳐진 양정재와 보인재다. 작은 건물에 서로 다른 기능을 정밀하게 조립한 양정재와 보인재는 사상의 장치다. 온돌방과 연결되는 손바닥만 한 누마루를 판벽으로 막고 여닫이문을 달아 시시때때로 공간을 조절할 수 있도록 했다. 여닫이문은 연당으로 눈길을 던진다.

양정재와 보인재와 연결된 이 작은 누각에 정여창 선생의 높은 기개가 담겨 있다. 선현의 서책에서 영감을 받아들이듯 애련헌과 영매헌에서 정여창 선생의 풍표를 받아들일 수 있다. 작은 누각은 단순한 사색 공간을 넘어 지리산 만첩봉으로 퍼져나가는 정여창 선생의 호연지기를 되새기는 공간으로 확장된다.

사당은 언덕 위에 우뚝 홀로 솟아 있다. 배치상으로는 도동서원의 사당과 비슷하나 외부로 열린 공간 구조는 확연히 다르다. 도동서원의 사당이 대를 쌓아올린 화계 위에 올라타 있다면 남계서원의 사당은 높은 언덕 위에 성큼 올라타 지리산을 바라본다. 마야의 피라미드처럼 지하 세계를 상징하는 언덕과 천상 세계를 상징하는 언덕 위의 신전으로 두 공간을 분리했다.

사당으로 향하는 층층계단에는 사상을 상징하는 조각조차 보이지 않는다. 가파르게 곧추선 층층계단에는 다만 유배지에서 돌아가신 스승의 유해를 나촌에서처럼 수장시키지 않으려는 제자들의 간절한 염원이 담겨 있다.

한여름 장마철에 배롱나무의 붉은 꽃잎들이 빗물에 실려 층층계단으로 흐르는 모습이 하늘에서 꽃비가 내리는 듯하다. 마치 정여창 선생의 사상이 층층계단을 타고 강학 공간으로 내려오는 것 같다. 남계서원은 정여창 선생의 부드러운 풍모와 강직한 삶의 기운으로 오백 년 넘게 사람들을 키워냈다.

내삼문에서 바라본 남계서원 전경

사당은 높은 곳에 우뚝 서 있어 서원과 들판의 전경을 모두 굽어볼 수 있다.

이언적 선생의 옥산서원 玉山書院

유학자 회재 이언적이 생전에 살았던
독락당 아래 자계 변에 옥산서원이
봉황이 알을 품은 모양으로 앉아 있다.
옥산서원은 시대를 바로잡고자 했던
이언적 선생의 정신을 동선으로 풀어냈다.

옥산서원은 자계를 외면하듯 몰래 품고 있다. 옥산서원에서 자계는 마음을 정화하는 내면의 거울이다. 옥산서원의 공간은 자계로부터 철저하게 차단하는 것을 목적으로 구성되어 있다. 풍수에서 말하는 봉황의 둥지를 만들기 위해 모든 건물은 벽으로 존재한다. 거듭해서 막지만 마지막에 시선 하나를 열어둔다. 강당의 대청마루에 오르면 마침내 자옥산의 봉우리가 눈에 들어온다. 옥산서원은 이언적선생의 사상을 시적으로 풀어낸 공간이다.

옥산서원
16.05.

시대의 비탈길을 걸어간 회재 이언적

옥산서원에 모셔진 회재晦齋 이언적(1491~1553)은 유배 중에 함경도 강계에서 죽었다. 그는 조선의 성리학을 한층 더 깊게 숙성시킨 첫 세대의 학자로, 성리학적 이상을 실현하기 위해 평생을 노력했다. 일두 정여창의 시신은 그의 제자들이 옮겼지만 이언적 선생의 시신은 그의 서자 이전인이 한여름에 홀로 2달 여에 거쳐 고향으로 옮겼다.

이언적 선생은 성균관 유생 이번의 아들로 외가인 양동마을(현재 지명)에서 태어났다. 10세에 아버지를 여의고 외삼촌 손중돈의 문하에서 성장했다. 손중돈은 요직을 두루 거친 경세가이자 김종직과 친분이 두터운 성리학자였다. 덕분에 이언적 선생은 외삼촌과 친분이 두터웠던 당대 문인들의 가르침을 받을 수 있었다.

1531년 당시 권력의 실세이자 훈구 척신 세력인 김안로의 재임용을 반대하다가 관직을 박탈당하고 고향으로 돌아온 그는 속세를 벗어나 독락당(보물 제413호)을 짓고 자연과 벗하며 훗날을 도모했다. 그의 인생에서 가장 참혹한 시간, 자연을 관조하며 학문과 사상의 폭을 넓히며 시간의 비탈길을 걸어갔다.

7년간의 칩거를 끝내고 다시 조정의 부름을 받아 종1품 의정부 좌찬성에 이르렀지만 1547년 9월 윤원형 세력이 주도한 양재역 벽서사건으로 탄핵을 받아 함경도 강계로 유배를 떠났다. 6년여의 유배생활 중에도 『구인록求仁錄』과 『대학장구보유大學章句補遺』를 비롯한 다수의 저서를 남겼다. 그는 주희의 주리론적 입장을 자신만의 학문으로 발전시켰다는 평가를 받는다.

동시대의 화담 서경덕이 재야학자였다면 이언적 선생은 현실정치에

서 사상과 철학을 실천했다는 평을 받는다. 유럽이 16세기 지난한 중세를 마감하고 르네상스로 나아갈 때 조선은 사화기로 서로 모함하고 죽이는 혼란의 시대였다. 1450년 세종이 죽은 후로는 세조의 왕위찬탈로 성리학의 기반마저 흔들렀다. 이런 혼란으로부터 나라를 구하고자 나타난 세력이 사림이었다.

이언적 선생은 사림의 선봉에 서서 정치실험을 이끌며 훈구 척신이 득세하던 조정을 개혁하려 했다. 그는 먼저 시대를 개혁하는 실천방안으로 예법을 앞세우는 향사례와 노인을 공경하는 향음주례를 제안했다. 기묘사화로 인해 실패로 돌아가긴 했으나, 향촌사회를 안정시키기 위해 향사례와 향음주례를 보급한 것은 새로운 시대의 질서를 바로잡으려는 유의미한 시도였다.

이언적 선생의 두 번째 정치실험은 성리학의 기틀로 조정을 바로잡는 것이었다. 그는 연산군의 폭정 이후 『대학大學』에 기초하여 군주를 성리학의 세계로 이끌고자 했다. 그는 성리학의 기초로 『소학小學』을 중시했지만 치세의 근본적인 해결책은 『대학』에서 구했다. 그는 21세이던 1511년(중종 6)에 「이윤오취탕론伊尹五就湯論」을 지어 요순시대의 군주를 이상으로 삼아 백성을 편안하게 할 것을 주장했다. 1539년(중종 34)에 지은 「일강십목소一綱十目疏」에서는 국왕이 성리학을 열심히 공부하지 않아 나라가 위태롭게 되었으며 간신에 둘러싸여 시대를 제대로 보지 못한다고 비판했다.

27, 28세에 조한보와 서신으로 문답한 「태극논변太極論辨」에서 그의 사상은 이미 두드러졌다. 「태극논변」은 훗날 퇴계로부터 "우리 도의 본원을 밝히고 이단의 그릇된 주장을 물리쳤으며 정미함을 꿰뚫고 상하를 관철하여 그 주장이 조금도 흠잡을 데 없이 바른 도에서 나왔다"라는 찬사를 받았다. 그는 주희의 학설이라 할지라도 자기의 관점과

다를 경우 취하지 않고 독자적인 학설을 주장했다. 그의 저서인『대학 장구보유』역시 주희가 편찬한 사서 주석서 가운데 하나인『대학장구』를 독자적으로 해석하여 편차를 뜯어 고친 것이다. 그는 저술활동을 활발히 전개하며 경세가로서뿐만 아니라 우주론, 심성학에서도 16세기를 대표하는 학자로 우뚝 섰다.

퇴계가 이언적 선생의 행장行狀(죽은 사람의 행실을 간명하게 써서 죽은 사람을 직접 보는 것처럼 살펴볼 수 있도록 하는 글)에서 그의 학문을 칭송한 이야기가『한국의 서원유산 1』에 다음과 같이 적혀 있다.

선생은 따로 이어받은 곳도 없이 스스로 이 학문에 힘써서 남모르는 사이에 날로 드러나고 덕행이 부합했으며 문장으로 드러나고, 훌륭한 말을 후세에 남겼다. 이러한 분을 우리나라에서 구한다면 그에 짝할 만한 사람은 아마도 있지 않을 것이다.

이언적 선생은 사림파의 영수로서 훈척 세력에 강경하게 대응하지 못했다는 비난을 받기도 했지만 조선 성리학에 관해 방대한 저술을 남겼다. 이런 측면에서 퇴계의 철학은 이언적 선생의 철학을 기반으로 하여 나왔음을 부정할 수 없다. 이언적 선생은 사후 동방오현東方五賢(문묘에 종사된 조선의 뛰어난 현인 5분으로, 김굉필, 정여창, 조광조, 이언적, 이황을 일컫는다)으로 문묘에 종사되었다.

봉황의 둥지 옥산서원

봉황의 둥지라 불리는 옥산서원을 찾아간다. 이언적 선생은 안강읍 양동마을에 살며 근처에 독락당을 세워 유식과 강학 공간으로 삼았다. 옥산서원은 이언적 선생이 실제로 생활했던 독락당 아래, 굽이쳐 흐르는 자계紫溪 동편 기슭에 비밀스럽게 앉아 있다.

『한국의 서원유산 1』에 따르면 옥산서원은 1572년 경주부윤 이제민이 지역 유림의 의견을 모아 세웠다고 한다. 1573년 경주 서악 향현사에 모셔진 이언적 선생의 위판을 옮겨와 서원에 모시고, 같은 해 12월 국왕으로부터 사액을 받았다.

도덕산에서 발원한 자계가 독락당을 지나 서원 앞으로 유장하게 흐른다. 독락당은 자계를 동쪽으로 면하고 옥산서원은 자계를 서향으로 두른다. 옥산서원을 등지는 주산은 화개산이고 옥산서원과 마주보는 안산은 자옥산이다. 자옥산은 인근에서 높은 산이지만 서원에서 2킬로미터 떨어져 있어 위압적이지는 않다. 토산의 장중함과 울창한 수목이 생기를 발산하여 군자의 도덕성을 지킨다. 예부터 자옥산은 비봉형局飛鳳形局으로 훌륭한 인물의 탄생을 예고했다. 따라서 옥산서원은 봉황이 알을 품은 명당이라 믿었다. 화개산 능선에 올라 옥산서원을 내려보면 마당이 봉황의 둥지처럼 박혀 있다.

옥산서원 전경
옥산서원은 자계 변에 봉황이 알을 품은 모습으로 비밀스럽게 앉아 있다.

7년간의 고독 독락당

옥산서원을 보기 전에 이언적 선생이 직접 짓고 살았던 독락당을 찾는다. 독락당은 이언적 선생이 생전에 세운 사랑채 겸 서당으로 그가 보낸 인고의 시간이 고스란히 담겨 있다. 당시 권력의 실세였던 김안로의 재임용을 반대하다 삭탈관직된 이언적 선생은 본처가 있는 양동마을로 가지 않고 후처가 있는 독락당에서 7년 가까이 거처하며 성리학의 깊은 뜻을 연구했다.

도덕산에서 기원해 독락당 앞으로 흐르는 도랑을 가로지르면 3칸의 솟을대문이 비스듬히 서서 마중한다. 이는 이언적 선생이 실제로 출입했던 문은 아니며 조선 말기에 새로 지은 것이다. 원래 대문은 숨방채(사랑채) 동쪽으로 공수간 담장에 별도로 붙여낸 작은 문이었다. 솟을대문을 밀어내고 선생이 생전에 독락당으로 출입했던 중문으로 들어서면 손바닥만 한 틈새 마당이 나타난다. 쪽 마당에는 독락당의 출입문과 안채로 들어가는 쪽문, 자계 방향으로 열린 골목길이 물려 있다.

독락당의 출입문은 안채 쪽문과 한 발 어긋나 동쪽 담벼락에 붙어 있어 금방 눈에 띄지 않는다. 양반가의 사랑채로 들어가는 문은 대부분 남향이거나 동향이지만 독락당의 출입문은 서향이다. 시류에 따르지 않는 이언적 선생만의 개성이 돋보이는 부분이다.

출입문을 열고 독락당에 들어서면 담장을 두른 마당이 열린다. 동쪽으로 자계 물소리가 들리고 그 뒤로 화계산의 울창한 숲이 고개를 내민다. 조각자나무가 무성한 가지를 뻗어 자계를 훔친다. 안채와 연결된 독락당은 외쪽짜리 팔작지붕 건물로 남향이지만 고개는 자계를 향

독락당 대문 조선 말기에 새로 지은 것으로, 이언적 선생이 실제로 출입했던 문은 아니다.

해 내밀고 있다. 전면 4칸 측면 2칸인 독락당의 서쪽 1칸은 온돌방이고 나머지 3칸은 마루다.

동쪽 마룻바닥에 온돌방의 벽체를 세운 흔적이 홈으로 남아 있다. 예전에는 가운데 2칸이 대청이고 대청 좌우로 각각 1칸의 온돌방이 있었던 것으로 보인다. 당시 이언적 선생은 서쪽 방에, 노모는 동쪽 방에 기거했다. 동쪽 방에는 자계를 초대하는 판문을 달았다. 여닫이 판문을 열어 재끼면 전통 담장으로 살창이 큼직하게 걸려 자계가 한눈에 들어온다. 독락당은 외부의 시선은 차단하지만 자계로의 시선은 열어두었다.

독락당 중문과 쪽 마당

이언적 선생은 생전에 동쪽 담벼락에 붙은 중문으로 출입했다.

중문을 지나면 쪽 마당이 독락당과 안채, 자계 방향으로 다양하게 뻗어 있다.

독락당 전경과 내부

독락당은 자계를 향해 고개를 내민다.

마룻바닥에 난 홈을 통해 예전에는 대청 좌우에 각각 1칸의 온돌방이 있었음을 알 수 있다.

자계를 불러들이는 마음의 손 계정

독락당을 밀어내고 북쪽으로 다가서면 기와조각과 자연석으로 문양을 넣은 흙담이 중문을 세우고 있다. 약쑥 밭을 지나 중문으로 들어서니 네모반듯한 마당이 아늑하다. 마당 서쪽으로 어서각御書閣이, 북쪽으로 체인묘體仁廟가, 그 오른쪽으로 양진암養眞庵이 막아서지만 눈길은 곧바로 자계로 가슴을 연 계정溪亭으로 향한다. 마음이 계정의 대청마루에 걸린 자계 풍경 속으로 빠진다.

영남 지역 정자의 전형인 계정에서 이언적 선생은 사산오대四山五臺를 친구로 불러들여 시름을 달랬다. 사산은 동쪽의 화계산, 서쪽의 자옥산, 북쪽의 도덕산, 남쪽의 무학산이며, 오대로는 자계를 따라 널린 자연 반석을 취했다.

선생은 계정의 난간 기둥을 받치고 있는 바위를 '유유자적 노니는 물고기를 바라보며 스스로 위로한다'는 뜻의 관어대觀魚臺, 관어대 건너편 바위는 '시를 읊으며 돌아오고 싶다'는 뜻의 영귀대詠歸臺, 영귀대 북쪽의 바위는 '맑은 물에 갓끈을 씻는다'는 뜻의 탁영대濯纓臺, 그 위쪽 바위는 '마음을 맑게 한다'는 뜻의 징심대澄心臺, 옥산서원 입구의 평평한 바위 일대는 '마음을 깨끗하게 씻는다'는 뜻의 세심대洗心臺라 이름 지었다. 사산이 시공을 초월하는 이언적 선생의 날개였다면 오대는 자연으로 침잠하는 이언적 선생의 마음자리였다.

계정은 이언적 선생의 부친이 짓고 살았던 3칸짜리 띠집(풀로 지붕을 얹은 집)에 이언적 선생이 기와지붕을 얹고서 북쪽 온돌방에 연이어 서쪽으로 2칸짜리 양진암을 덧붙인 것이다. 대청마루가 자계 방향으로 열린 ㄱ자 형태의 3칸짜리 맞배지붕 건물이다. 남쪽 2칸이 대청이고

계정

계정의 대청마루는 자계 방향으로 열려 풍경을 받아들인다. 북쪽의 온돌방에 양진암을 덧붙인 ㄱ자 형태의 건물이다.

한석봉이 쓴 계정 현판

북쪽 1칸이 온돌방인 양진암이다. 이언적 선생은 양진암에서 정혜사 스님과 밤이 늦도록 세상 시름을 내려놓았다.

계정의 모서리에는 원기둥을, 가운데에는 사각기둥을 두었다. 계정의 남쪽 마루는 원래 온돌방이었던 것을 마루로 틔운 것이다. 대청마루에는 11개의 기문이 걸려 있으며 남쪽 벽의 현판은 한석봉의 글씨다. 북쪽 편액 밑의 문은 삼문으로 왼쪽은 홑여닫이, 오른쪽은 여닫이다. 여닫이문을 접어서 들어 올리면 온돌방과 대청이 하나 되어 자계를 품는다.

머리가 닿을 듯 낮은 천장과 작은 처마를 두른 대청마루는 소박하

자계에서 바라본 계정

지만 그 기개는 옹골차다. 자연과 건물이 서로 깍지를 끼고 있는 듯하다. 병산서원의 만대루가 병산의 살기를 품는 병풍이었다면 독락당의 계정은 자연이 흐르는 바람의 정자다. 날것의 바람소리가 대청마루를 쓸고 생동하는 물소리가 마루를 닦는다.

　자계로 내려가 강줄기 건너편에서 계정을 바라본다. 계정이 강가에 걸터앉아 발을 담그고 물장구를 치고 있는 듯하다. 호기심의 극단에서 자계로 열린 계정은 자연으로 다가가려 했던 이언적 선생의 마음이 담긴 공간이다.

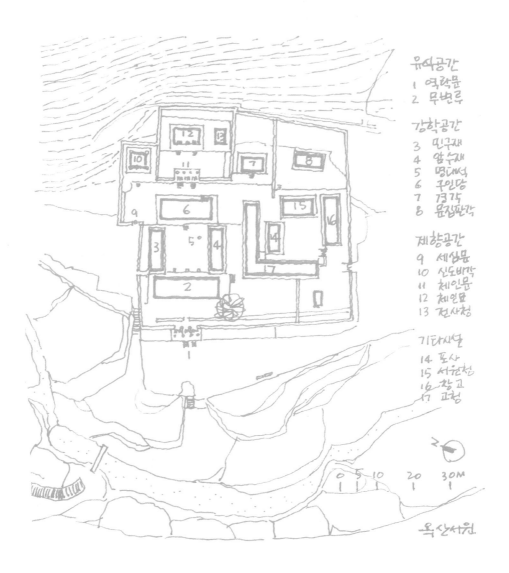

자계를 허리에 두르고 멀리 자옥산을 바라보고 있는 옥산서원

유식공간
1 역락문
2 무변루

강학공간
3 민구재
4 암수재
5 명대청
6 구인당
7 경각
8 문집판각

제향공간
9 세심문
10 신도비각
11 체인문
12 체인문
13 전사청

기타시설
14 포사
15 서원천
16 창고
17 교량

2↗

0 5 10   20   30M

옥산서원

자계를 밀어내는 역락문

독락당을 떠나 옥산서원으로 다가간다. 독락당이 이언적 선생의 생활
관이라면 옥산서원은 이언적 선생의 박물관이다. 오늘날 서원 주차장
을 지나 다가서는 길은 원래의 출입구가 아니다. 조선시대에는 독락당
에서 자옥산 자락의 하마비를 지나 세심대를 바라보며 외나무다리를
건너야 했다. 여울목 위의 반석 모서리를 반듯하게 파내고서 나무각재
를 끼운 외나무다리가 옥산서원의 입구였다. 난간조차 세우지 않은 투
박한 외나무다리는 선비의 갓끈을 조이는 마음의 대문이자 속세와 이
상세계를 이어주는 치유의 다리였다. 외나무다리 위에 서면 용추가 뿜

외나무다리 조선시대 옥산서원의 출입구는 난간조차 세우지 않은 외나무다리였다.

세심대

亦樂門

역락문
옥산서원의 대문으로 돌계단은 중앙과 오른쪽으로만 나 있다. 일반적인 서원과 달리 옥산서원에서는
사람이 오른쪽으로만 출입했다.

어내는 물소리가 발끝으로 파고들어 온몸을 적시고, 너럭바위 위로 층층이 일어나는 물보라가 마음을 씻는다. 바람을 타고 곱게 내려앉은 햇살이 젖은 마음을 닦아준다. 너럭바위 아래에 세심대洗心臺라는 글자가 희미하게 새겨져 있다. 7년간 절치부심하던 시절 이언적 선생은 세심대를 바라보며 마음을 씻고 또 씻었을 것이다.

주상절리를 밟으며 낮은 석축으로 올라서자 흙으로 다져진 작은 마당이 옥산서원의 대문인 역락문亦樂門을 떠받치고 있다. 독락당의 ㅁ자 안채 바깥벽의 방 이름도 역락재亦樂齋다. 한석봉의 글씨로 쓰여진 역락재는 『논어』 「학이學而」 편에서 따온 명칭으로 학문의 즐거움을 아는 사람만 출입하라는 뜻을 담았다. 곧추선 2개의 돌계단 위에 올라앉은 역락문은 자계의 풍광은 한 줌도 들이지 않을 기세다. 독락당에서 느낀 극단의 생동감을 옥산서원에서는 잠시 밀어내고 있다.

역락문은 외삼문이지만 돌계단은 신이 다니는 중앙과 사람이 출입하는 오른쪽으로만 나 있다. 서원의 대문이 통상 오른쪽으로 들어가서 왼쪽으로 나오는 것東入西出인 데에 비해 옥산서원은 오른쪽으로 들어가서 오른쪽으로 나오게東入東出 되어 있다. 이는 기본적인 구조는 공유하되 서원마다 세부적인 규정을 다르게 적용했기 때문이다.

자연을 돌려보내는 무변루

역락문에 들어서자 무변루無邊樓가 장벽으로 막아선다. 발 앞에 가로 놓인 작은 도랑 위로 화강석 판석이 진입축을 잡아준다. 작은 도랑은 자계에서 끌고 온 물줄기로 정화의 의미가 있다. 도랑을 넘어서자 2층 으로 된 무변루가 전면 기둥에 삼문을 달아걸고 덮칠 듯 마당의 목을 조인다. 가운데 3칸에는 삼문을 달고 좌우 1칸은 벽으로 막아 아궁이 를 설치했다. 양쪽 끝 1칸에는 덤벙주초위로 기둥을 세웠지만 개방감 은 턱없이 모자란다.

삼문으로 들어서면 석축 위로 강학 공간의 마당이 가슴에 걸린다. 돌계단이 마당 중앙으로 나아가고, 좌우로 2층 누각으로 오르는 2개 의 통나무계단이 비스듬하게 걸려 있다. 무변루 2층 누각은 1층 벽면 의 연장이다. 삼문의 상부는 대청마루가, 좌우 아궁이의 상부는 온돌 방이 되었다. 양 끝의 마루에는 처마 선에 맞추어 부섭지붕을 달아 하 늘로 열린 장대함을 눌렀다. 자계로 향하는 대청마루의 서쪽은 판벽 으로 막되 창문을 설치했다. 이는 서향 햇살을 피하려는 목적도 있지 만 마당을 둥지처럼 둘러싸기 위함이다.

역락문에서 무변루를 바라보면 2층의 7칸 건물이지만 마당에서 바 라보면 민구재敏求齋와 암수재闇修齋에 가려 다리가 짧은 5칸 건물로 보인다. 마당을 틀어막기 위해 5칸의 누각으로 벽을 쌓은 무변루는 자 계 방향으로 등을 돌리고 앉아 있다.

처마 아래에 걸려있어야 할 편액은 대청마루 안쪽 벽에 걸려 있다. 한석봉이 쓴 것으로 넓고 밝은 마음으로 자연을 즐겼던 주희의 인품 을 의미하는 명칭이다. 「옥산서원기玉山書院記」가 적힌 현판은 누각의

역락문에서 무변루로 이어지는 길
역락문으로 들어서 화강석 판석을 건너면 무변루가 장벽처럼 전망을 막는다.

옥산서원 마당
무변루 1층의 삼문을 지나 돌계단을 오르면 마당으로 들어선다. 맞은편 좌우의 통나무 계단이 2층 누각으로 이어진다.

원래 이름이 납청루納淸樓였음을 밝힌다. 납청루는 누각에 올라 자계의 맑음을 받아들이고 양을 기른다는 것을 의미하지만, 무변루의 공간 구조는 이와 달리 막혀 있다. 훗날 이언적 선생의 제자인 노수신이 납청루를 무변루로 바꾸어 불렀던 이유도 납청루라는 이름이 누각의 기능과 어울리지 않았기 때문이다.

자옥산 봉우리로 시선이 날아가는 **구인당**

무변루를 지나 마당에 오르는 순간 사방이 건물로 둘러싸여 방자 우물 속으로 들어간 듯하다. 강당 구인당求仁堂이 동재 민구재, 서재 암수재와 어깨동무를 하고 긴 벽으로 마당 모서리를 단단히 조이고 있다. 정면 5칸 측면 1칸의 좁고 긴 형태에 맞배지붕을 한 민구재와 암수재가 무변루 지붕의 옆구리와 구인당 처마에 걸려 주변 자연을 막아낸다. 마당에선 자옥산의 그림자도 보이지 않는다. 무변루 2층 누각의 서쪽 판벽에 뚫린 3개의 창문으로만 마당이 숨을 쉰다.

　동·서재가 강당과 누각의 처마에 닿을 듯이 몸을 키워 마당을 막는 것은 옥산서원이 유일하다. 민구재와 암수재의 툇마루가 마당에 손을 내밀지만 마당의 정적을 흔들지는 못한다. 마당이 중세 수도원의 중정처럼 답답하지 않은 것은 그나마 마당을 둘러싼 건물이 그리 높지 않기 때문이다. 낮은 박공지붕 위로 파란 하늘이 내려앉는 마당 깊은 집이다. 마당 동쪽 구석에 서 있는 명대석(관솔불을 피우던 곳으로 정혜사의 석등)이 침묵의 균형을 깬다.

무변루에서 바라본 구인당

민구재와 암수재가 무변루와 구인당 사이를 막아 마당을 에워싼다. 자연을 막아내는 폐쇄적인 구조다.

구인당은 정면 5칸, 측면 2칸에 팔작지붕으로 된 건물로, 가운데 3칸은 대청마루를 깔아 마당 쪽으로 틔우고 좌우 한 칸씩은 온돌방으로 마당을 향해 창 없는 벽을 세웠다. 마당을 감싸기 위해 벽에 창을 내지 않았다.

구인당의 낮은 팔작지붕 처마 아래 옥산서원 현판이 걸려 있다. 창방 위에 걸려 있는 현판은 추사 김정희의 글씨다. 옥산서원이라는 사액을 받았으나 1839년 소실되어 조정에서 다시 써서 하사한다는 내용이 따로 적혀 있다. 제주도로 유배 떠나기 직전 추사가 54세에 쓴 글씨는 기교는 떨어져 나가고 옹골차다고 평한다.

추사가 쓴 현판 뒤에 또 다른 현판이 하나 더 붙어 있다. 사액이 내려질 때 선조의 명으로 아계 이산해가 쓴 글씨다. 대청마루 안쪽에 걸려 있는 구인당 현판은 한석봉이 썼다. 대청마루 양측 온돌방의 머리

구인당 현판 한석봉이 쓴 구인당 현판 위로 이산해가 쓴 현판이 보인다.

에 각각 걸린 양진재兩進齋와 해립재偕立齋는 마음을 집중하여 한마음으로 인仁을 추구하라는 뜻이다.

구인당 마루에 앉아 시선을 자계로 던지면 자옥산 봉우리가 무변루 지붕에 걸린다. 이는 봉황의 둥지에 안긴 선비들의 정신이 날아가야 할 관념적인 목적지가 자옥산 봉우리임을 지시한다. 자옥산 봉우리는 이언적 선생의 학문 세계를 상징하는 사산의 하나로서 이상세계를 의미한다. 옥산서원을 인위적으로 폐쇄하여 봉황의 둥지로 만든 뜻이 바로 자옥산 봉우리로 향하는 이 마지막 전망에 있다.

추리소설에서 이야기가 클라이맥스를 향해 빠르게 전개되듯, 옥산서원은 절정의 순간에 이언적 선생의 이상세계를 보여주기 위해 서향으로 누워 마당을 건물로 꽁꽁 틀어막았다. 독락당이 담장으로 자계를 막아내다 마침내 계정의 마루에서 가슴을 열어 자계를 품은 것과 닮아 있다. 계정이 이언적 선생이 내면을 성찰했던 자연 그 자체라면 옥산서원의 마당은 이언적 선생의 사상적 우물이며 구인당은 이상세계로 날아가는 사상의 날개다. 옥산서원은 사상의 우물에서 목을 축인 유생들이 이상세계로 날아가는 도장이었다.

구인당 마루에 앉으면 시선이 무변루 지붕에 걸린 자옥산 봉우리로 향한다.
건물로 둘러싸인 마당에 고여 있던 이언적 선생의 사상이 자옥산으로 날아가는 듯하다.

학문의 방향을 가리키는 체인묘

옥산서원 사당 이름은 체인묘로, 어질고 착한 일을 실천에 옮긴다는 뜻이다. 체인묘는 배치상으로 제일 안쪽 높은 곳에 위치하지만 구인당에 가려져 있다. 『주자가례』의 원칙에 따르면 사당은 강당 동쪽에 위치해야 하지만 체인묘는 구인당 바로 뒤에 자리한다. 이언적 선생의 혼은 체인묘에 있을지언정 그 정신만은 구인당에서 자옥산을 향해 학문의 방향을 가리킨다는 것을 암시하고 있다.

6단의 계단 위에 내삼문인 체인문이 있다. 역락문과 다른 점은 신도인 중앙 문을 제외한 좌우측 문에 계단을 설치했다는 것이다. 내삼문 왼쪽에는 이언적 선생의 비각碑閣을 세우고 오른쪽에는 경각經閣을 세워 그의 사상을 높이 받들었다.

비각은 이언적 선생의 무덤 앞에 있던 것을 옮겨와 1577년에 세웠다. 비각 안의 신도비는 퇴계와 8년에 걸쳐 사단칠정논쟁을 벌였던 고봉 기대승이 지은 글을 이산해가 쓴 것이다.

옥산서원의 경각은 경주 유림들의 도서관으로, 이언적 선생의 서자 이전인이 1554년에 건립하여 선생이 사용했던 서적과 유품, 내사본, 퇴계 수필 및 각종 전적(출납관리)을 보관했다. 스승이 안동부사로 발령받아 멀리 떨어지게 되자 당시 세자였던 인종(재위 1544~1545)이 아쉬움을 표현한 친필 서찰도 있다. 건물 앞에 걸린 '서원서책불출원문'이란 현판에서 알 수 있듯 서원의 책은 서원 밖으로 내지 않는 것이 원규였다. 정조는 서책을 보존하고자 하는 원규를 가상히 여겨 윤음綸音을 내리기도 했다. 이를 철저하게 지킨 덕분에 경각에 보관하던 『삼국사기三國史記』가 보존되어 국보로 지정될 수 있었다(2018년 2월 보물에서 국보로 지정).

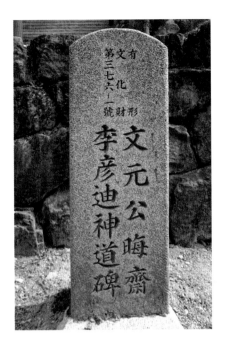

有
文化形財
第三七六一號

文元公晦齋
李彥迪神道碑

비각 안의 신도비와 경각

비각과 경각이 내삼문 좌우에 나란히 서서 이언적 선생의
사상을 높이 받든다.

經閣

체인묘

이언적 선생을 모신 체인묘가 구인당 바로 뒤에서 자옥산을 바라본다.

체인문을 지나면 축대 위에 정면 3칸 측면 2칸의 맞배지붕으로 된 체인묘가 놓여 있다. 옥산서원에서 향사를 지낼 때에는 향사 때 축문을 읽는 사람인 대축大祝이 체인묘 문을 열어둔 채 내삼문 밖에서 축문을 작성한다. 삼헌관은 알자(빈객을 주인에게 안내하는 사람)와 찬인(향사 때 홀기를 맡아보는 사람)의 인도 아래 서쪽을 향해 앉아 이를 지켜본다.

옥산서원에는 향사를 모시기 전에 야하夜下를 먹는 독특한 풍습이 내려온다. 밤에 내린다는 것을 뜻하는 야하는 제사를 올리기 전에 허기지지 말라고 제공하는 미음 간식이다. 이는 시장기가 심할 때 입에서 나는 냄새를 제거하기 위함이다.

자옥산으로 날아가는 이언적 선생의 이상

옥산서원은 건축 공간이 아니라 사상으로 무장한 학문의 장치다. 옥산서원의 동선을 따라가면 이언적 선생의 이상세계를 가슴에 품을 수 있다. 구인당 대청마루에서 자옥산을 바라보며 방문자는 모두 자신만의 꿈을 가슴에 품을 것이다.

역락문으로 들어서면 좁은 마당 앞으로 무변루의 벽이 덮칠 듯이 막아서고, 무변루 1층의 어두운 삼문으로 들어서면 허리 높이의 마당을 사방의 건물들이 빈틈없이 에워싼다. 처마들이 서로 깍지를 끼듯 틈을 막고서 마당의 숨통을 조인다.

터질 듯 고조되는 답답함은 구인당의 대청마루에 올라서는 순간 서쪽 하늘로 시선이 열리며 거짓말처럼 해소된다. 자옥산의 봉우리가 서

옥산서원의 향사 모습

옥산서원은 건물로 빈틈없이 에워싸여 답답한 느낌을 주지만 구인당 대청마루에 앉으면 거짓말처럼 시선이 열린다.

쪽 하늘 아래 고개를 세우고 연처럼 흔들린다. 이 절정의 순간을 위해 모든 건물이 막고 또 막아선 것이다.

이언적 선생이 생전에 짓고 살았던 독락당이 오대를 품고 깊이 침잠하며 성찰했던 공간이라면, 옥산서원은 사산을 품고서 이상세계를 꿈꿨던 공간이다. 옥산서원은 끊임없는 성찰 끝에 어느 순간 깨달음에 도달해 학문의 세계가 펼쳐진다는 것을 공간적으로 보여준다. 사당이 강당의 동쪽으로 비켜나 있지 않고 곧바로 뒤에 앉아 있는 것은 이언적 선생이 제자들의 등 뒤에서 함께 자옥산을 바라보게 하기 위함이다. 옥산서원은 이언적 선생이 꿈꾸었던 이상세계, 즉 사산오대의 완성이었다. 옥산서원은 이언적 선생의 관념적이고 이상적인 학문의 목표를 누구나 쉽게 알 수 있도록 시각적으로 풀어놓았다.

김굉필 선생의
도동서원 道東書院

의리의 유학자 한훤당 김굉필을 모신
도동서원에서는 은행나무에서 시작된
진입축이 한 치의 흐트러짐 없이
곧장 사당으로 이어진다.
극도의 긴장 속에 발산하는 생기가
층층계단으로 흐른다.

도동서원에서는 곧게 뻗은 사상의 축에 모든 건축물이 대칭으로 안겨 있다. 좁고 가파른 돌길이 은행나무 뒤에서 수월루를 지나 환주문을 가로질러 사당으로 곧장 날아오른다. 이는 지조를 지키며 꿋꿋하게 죽음을 향해 걸어간 학자의 삶을 서원 공간에 구현한 것이다. 도동서원의 강당에서 낙동강을 바라보면 거짓말처럼 시선이 개구리섬에 이끌린다. 그곳은 김굉필 선생이 도달하고자 했던 이상세계다.

의리 학문의 개척자 한훤당 김굉필

도동서원으로 가는 길은 낙동강 줄기를 따라 난 시원한 강변길이다. 한훤당寒暄堂 김굉필(1453~1504)은 의리義理의 유학자로 불리며 자는 대유大猷다. 이는 서울 정동에서 태어나 젊은 시절을 서울에서 보낸 그가 19세에 순천 박씨와 결혼하여 처가인 합천 야로에 살며 자신이 사는 집을 한훤당이라 부른 데서 유래한 것이다.

그의 삶은 시원하게 펼쳐진 강변길이 아니었다. 21세 때 사림파 학자였던 점필재 김종직에 사사하면서 맺어진 사제의 인연은 훗날 그의 운명을 통째로 뒤흔들었다. 김굉필 선생은 27세에 생원시에 합격하여 벼슬길에 나아갔고, 30세에 비로소 후진을 가르치니 제자들이 벌떼처럼 몰려들었다고 한다. 41세에는 지조가 굳고 학문이 깊다 하여 감사의 추천을 받아 관직에 나아갔다. 그러나 45세(1498년) 때 김종직의 제자라는 이유로 무오사화의 희생양이 되어 곤장 80대를 맞고 평안북도 희천에 유배되었다. 47세에 전라도 순천으로 유배지를 옮겨 조용히 지냈으나 1504년의 갑자사화는 그를 죽음으로 이끌었다.

그의 나이 51세, 학문이 천하를 뚫을 나이에 죽음으로 나아갔다. 관대를 차고 손으로 수염을 쓰다듬어 입에 물고서 당당하게 죽음을 맞이했다. 그의 저술은 무오사화 때 후환이 두려워 모두 소각했고, 벗들과 주고받은 서신조차 매우 적어 시 십여 편, 글 네댓 편이 전해오는 것이 전부다. 문헌으로 남긴 자취가 많지 않음에도 그가 후대에 현인으로 추앙받는 이유는 행동으로 실천한 인품 때문이다.

평안북도로 유배 갔을 당시 그는 아버지의 벼슬길에 따라온 조광조를 제자로 맞이했다. 시대를 앞서간 개혁가 조광조를 제자로 둔 것만으로 김굉필 선생의 학문적 깊이를 짐작할 수 있다. 조선에 성리학은 16세기 동안 선비들이 흘린 피로 정착되었다. 그는 비록 갑자사화로 희생되었지만 16세기 후반 사림파가 조선의 주도 세력으로 부각하는 데에 기여했다.

『선조실록』권4: 3년 5월 병자(9일)에 김굉필 선생을 다음과 같이 적고 있다.

우리 동방이 신라로부터 고려에 이르기까지 문장 있는 선비들이 찬란하게 배출되었지만 의리의 학문은 실로 김굉필로부터 열렸던 것입니다. 김굉필이 우리 조선조의 초기의 학문이 끊어진 뒤에 태어나 처음으로 성현의 학문을 흠모하여 구습을 모두 버리고 소학에 마음을 다하여 명성과 이익을 구하지 않았습니다. 학문에 힘쓴 지 10여 년 만에 동정動靜(진리)이 모두 예법을 따랐고 지경持敬(항상 깨어 있음) 공부를 오로지 한 지 30여 년에 정력이 쌓이고 도와 덕이 이루어져 말과 행동이 법도가 되었습니다. 그런데 불행하게도 난세를 만나게 되자 화를 피하지 않고 조용히 죽음에 나아갔으니, 세상에 시행한 것은 없었으나 그가 마음으로 체득한 것을 행동으로 증명한 것을 알 수 있습니다. 가르쳐 인도하기를 게을리 하지 않아서 우리 동방의 선비들로 하여금 성현의 학문이 있음을 알게 한 것은 실로 이 사람의 공입니다.

이 글은 조선 초기 의리 학문의 개척자로 불리는 김굉필 선생의 실천 철학을 거침없이 보여준다. 김굉필 선생은 행동하지 않는 시문 중심의 학문을 버리고 정몽주 이후 끊어진 의리 학문을 다시 연 인물로 평가된다. 그는 10년간의 『소학』 공부로 몸과 마음을 다스리며 명성과 이익을 구하지 않는 학문을 하려 했으며, 스스로도 제자들에게 성현의 학문을 가르쳤다. 이것은 인으로 수양하고 예로서 실천하는 성리학의 이상과 맥을 같이하는 것이다. 그는 난세를 만나 뜻을 펼치지 못했으나 동방오현 가운데 가장 먼저 이름을 올렸다.

퇴계는 김굉필 선생을 '근세도학지종近世道學之宗'이라 부르며 조선 성리학의 정통을 계승했다고 칭송했다. 퇴계는 『퇴계선생문집退溪先生文集』권48 「정암조선생행장靜庵趙先生行狀」에서 그를 정몽주에 이어 도학(주자학)을 계승한 인물로 다음과 같이 묘사했다.

대개 우리나라 선정들이 도학에 있어서 비록 문왕을 기다리지 않고도 일어난 분이 있기는 하다. 그러나 그 이후에는 마침내 절의節義(절개와 의리)와 사장詞章(시와 문장을 닦는 길), 장구章句(문장을 끊어 갈라놓은 것) 사이에 머물 뿐이었다. 오로지 위기爲己(몸으로 도를 구하는 것)만을 일삼아 참다운 실천으로 공부를 삼은 이는 오직 한훤당 한 사람만이 그러하였다.

퇴계는 김굉필 선생을 고려 말의 정몽주처럼 사림의 실천적 의리 학문을 개척한 인물로 본 것이다. 이처럼 사림을 이끈 도학은 어려운 상황에서 절개를 지키거나 시문을 짓고 경전을 외우는 데에 그치는 소극적인 학문이 아니었다. 당시 사림은 심성을 수련하며 터득한 윤리도덕을 살신성인의 정신으로 실천하는 위기지학爲己之學을 도학이라고 생각했다.

김굉필 선생을 주향자로 모시고 도동서원을 설계한 이는 그의 외증손인 한강 정구다. 도동서원의 설계자인 정구는 「도동서원춘추향사문」에서 김굉필 선생이 이룩한 도덕을 기리기 위해 서원을 지었다고 밝혔

도동서원 전경

곧게 뻗은 일직선의 축을 지향하는 도동서원에서 모든 건물은 대칭으로 앉혀 있다.

다. 원래 현풍현 비슬산 기슭에 쌍계서원雙溪書院으로 건립했으나 1597년 정유재란으로 소실되자 1604년 정구를 중심으로 대니산戴尼山 자락 김굉필 선생의 묘가 있는 지금의 자리에 보로동서원甫勞洞書院으로 지었으며 6년 뒤에 도동서원으로 사액을 받았다.

「도동서원에 한훤당 김선생을 봉안하는 글」에 정구가 지금의 자리를 선택한 이유를 세 가지로 적었다. 첫째로 김굉필 선생의 묘가 있는 대니산을 주산으로 하여 낙동강을 굽어보고, 둘째로 환경이 조용하며, 셋째로 선생의 연고지와 가깝기 때문이었다. 서울에서 태어나 합천, 현풍을 오가며 살다가 이후 평안북도와 전라도 순천으로 옮겨다니며 유배생활을 했던 그의 삶처럼 그를 모신 서원도 쌍계서원에서 보로동서원, 도동서원으로 이름과 자리를 바꾸며 오늘에 이르렀다.

소학동자 김굉필

30세가 되도록 『소학』을 손에서 놓지 않았던 김굉필 선생을 소학동자라 불렀다. 『대학』에 대칭되는 『소학』은 중국 고대부터 있었으나 분서갱유焚書坑儒(진나라의 승상 이사가 주장한 탄압책으로 실용서적을 제외한 모든 사상서적을 불태우고 유학자를 생매장한 일)로 사라진 것을 주희가 복원한 것이다. 『소학』은 고려 말에 전래되었지만 주자학을 장려했던 조선조 이후 본격적으로 장려되었다.

15세기까지 『대학』에서 말한 수신修身과 수기修己는 치국治國과 치인治人의 수단이었다. 이는 곧 학문의 의미는 나라를 다스리는 데 있으며 학문의 목적 또한 과거 합격에 있다는 뜻이었다. 이와 달리 『소학』
은 일상생활에 필요한 유교적 윤리도덕의 실천을 강조했다. 김굉필 선
생은 수기와 치인을 별개의 것으로 파악한 경세지학經世之學과 달리
수기가 곧 치인이라는 관점에서 과거 공부라는 구습을 통렬하게 끊을
것을 주장했다. 김굉필 선생이 받아들인 『소학』은 조광조가 실현하고
자 했던 지치주의至治主義(하늘의 뜻에 부합하는 이상세계를 펼치려 한 조광조의
정치사상)의 사상적 배경이 되었다. 퇴계는 "『소학』이 우리나라에 들어
온 지 오래되었지만 그 큰 뜻을 아는 사람이 없었는데 김굉필 선생이
선비들을 모아 놓고 해석해 밝힘으로써 그 책이 세상에 크게 유행하
게 되었다"라고 했다.

후대 사람들이 김굉필 선생을 존숭하는 이유는 그가 출처의리出處
義理를 행한 학자였기 때문이다. 출처의리는 조정에 나아가 관직을 수
행하는 출과 고향에 은둔하며 수신 학문에 힘쓰는 처의 의리명분을
모두 충족하는 것을 의미한다. 조선 초기의 사대부는 이성계의 역성혁
명에 동참한 기득권 세력이었다. 하지만 16세기 중엽 이후 새로운 시대
의 실천 덕목으로 무장한 신진 사대부가 기득권 세력의 대항마로 부
상했다. 스스로 수양하며 학문의 실현에 중점을 둔 그들의 행동강령
은 사대부의 출처의리로 정립되었다. 사대부의 출처론을 정립한 이가
바로 김굉필 선생이다. 그의 출처론은 퇴계 이황과 남명 조식으로 이
어졌다.

학문의 실천을 중시했던 김굉필 선생은 김종직이 이조참판이 되었
으나 실행하는 일이 없자 스승의 무사안일을 비판하는 시를 짓기도
했다. 그 글이 『한국의 서원유산 1』에 이렇게 전해온다. "도란 겨울에
갖옷(짐승가죽으로 만든 옷)을 입고 여름에는 얼음을 마시는 것입니다. 날
이 개이면 다니고 장마가 들면 멈추는 것을 어찌 잘한다 할 수 있겠습

니까? 난초도 세속을 따르면 마침내 변하고 말 것이니, 소는 밭을 갈고 말은 사람이 타는 것이라 한들 누가 믿겠습니까?" 이에 김종직은 다음과 같이 답하며 불편한 마음을 전했다. "분수 밖의 벼슬이 높은 지위에 이르렀건만 임금을 바르게 하고 세속을 구제하는 일이야 내가 어떻게 해낼 수 있으랴. 후배들이 못났다고 조롱하는 것은 받아들일 수 있으나, 권세에 구구하게 편승하고 싶지는 않을 것이네."

이로 인해 김종직과 김굉필 선생의 사제 관계에 금이 갔다는 이야기도 있다. 하지만 퇴계는 문장을 주로 하는 김종직과 의리를 힘써 행하는 김굉필 선생은 지향하는 바, 즉 출처에 관한 견해가 달랐을 뿐 사제의 관계를 해친 것은 아니라고 하기도 했다.

이렇듯 김굉필 선생에 대해 많은 말을 남긴 퇴계는 실제로도 그의 영향을 많이 받았다. 퇴계는 죽기 전 무덤에 은둔한 선비, 즉 처사處士를 의미하는 '도산에서 물러나 말년을 숨어산 진성 이씨의 묘'라고만 새기고, 뒷면에는 향리와 세계, 지행, 출처를 간단히 쓰라고 조카에게 당부했다. 그가 스스로 처사를 의미하는 글을 비석에 새긴 것은 조선시대 처사의 전형으로 불린 김굉필 선생의 영향을 받은 것이다.

김굉필 선생을 설명하는 또 다른 단어는 사우지도師友之道다. 친구 간에 서로 도와 학문을 연마하는 것을 사우라 한다. 『중종실록中宗實錄』은 "사우는 서로 의로 규제하고 선으로 힘쓸 것을 권하고, 선으로서 서로 바르게 경계하여 선왕의 도를 밝히고 인륜의 근본을 바로 잡는 것(중략)"이라고 밝히고 있다. 그는 특히 일두 정여창과 돈독한 사이였다. 그의 글이 『한국의 서원유산 1』에 다음과 같이 전해온다. "정여창의 뜻과 같고 도가 일치하여 특별히 사이가 좋았다. 서로 만날 때마다 도의를 연마하고 고금을 통론하여 때로는 밤을 새우기까지 하였다."

그들은 과거가 지배하는 사회풍조에서 소학계를 주도하여 사우지도를 추구했지만 붕당으로 지목되어 화를 당하고 말았다. 그러나 이들의 사우지도는 훗날 조선 서원 교육의 목표로 자리 잡았다. 사우지도는 결론을 정하지 않고 둘이서 끊임없이 토론하며 결론을 유도하는 유대인 교육의 핵심인 하브루타와도 비슷한, 시대를 앞선 사상이었다.

개구리섬으로 달려가는 사상의 축 도동서원

의리의 유학자 김굉필 선생을 모신 도동서원은 대니산 남쪽 낙동강 자락에 위치한다. 낙동강 줄기가 굽이치다 현풍읍에서 일자로 곧게 흘러가는 길목을 도동서원이 지키고 있다. 조선시대에 이곳의 지명은 땅 모양이 까마귀 혀와 닮았다고 하여 오설烏舌면이었다. 서원이 자리한 산은 원래 태리산, 제산으로 불렸으나 후에 김굉필 선생이 산 아래에서 살며 공자를 머리에 이고 높이 받들었다는 의미로 대니산이라 불리게 되었다.

도동서원의 주변 경관을 한눈에 살피기 위해 다람재에 오른다. 전망대 옆으로 김굉필 선생이 쓴 「노방송路傍松」을 새겨넣은 시비詩碑가 보인다. 선비의 절개와 지조를 길가에 서 있는 한 그루 소나무에 빗대어 날씨가 추워진 다음에야 소나무와 측백나무가 늦게 시듦을 알게 된다고 노래했다. 팔각 전망대에 오르니 대니산 자락의 도동서원과 강 건너 개구리섬이 한눈에 들어온다. 도동서원의 축이 개구리섬을 향하고 개구리섬 뒤의 산줄기들이 일제히 개구리섬으로 달려든다.

도동서원이 북향이고 옥산서원이 서향인 이유는 모두 풍수에 기반

노방송 시비

도동서원을 굽어볼 수 있는 다람재 전망대에 김굉필 선생의 시를 새겨넣은 시비가 있다.

다람재 전망

다람재에 오르면 도동서원과 개구리섬을 한눈에 내려볼 수 있다.

을 두고 있어서다. 서원 앞으로 내려다보이는 개구리섬이 도동서원 전망의 목표다. 옛 사람들은 강줄기로 길게 목을 내밀고 있는 도동서원의 자라목 같은 형상을 신령스러운 거북이 물에 들어가는 모습이라 생각했다. 더불어 다람재 줄기가 낙동강으로 잘려나가 개구리섬의 자라바위가 되었다고 믿었다. 다람재와 강 건너의 자라바위는 원래 하나였다고 상상했던 것이다. 개구리섬을 향해 목을 빼고 달려드는 북쪽 산줄기의 기세가 용이 개구리섬을 삼키려 달려드는 것 같다고 하여 오룡쟁주형五龍爭株形이라 불렀다. 개구리를 쫓는 뱀이나 구슬을 삼키려는 용의 모양새는 극도의 긴장을 느끼게 한다. 당시 사람들은 극도의 긴장 속에 놓인 것을 생기라 믿었다. 사화기에 당당하게 죽음으로 걸어간 선생의 삶과 극도의 긴장은 절묘하게 맞아 떨어진다. 그 생기에 맞추어 도동서원의 축이 자연스럽게 결정됐다.

다람재를 내려와 도동서원 입구에 선다. 학자수를 상징하는 은행나무 한 그루가 어마어마한 굵기로 서서 세월의 무게를 감당하지 못한 채 가지를 철제 기둥에 내려놓고 있다. 한훤당나무로 불리는 이 은행나무는 정구가 서원을 이곳으로 옮겨 지으며 심은 나무라고 하니 400년은 족히 넘었을 것이다.

은행나무에서 시작되는 도동서원의 진입축이 사당까지 직선으로 이어진다. 이는 의리의 학문을 주도한 김굉필 선생의 사상을 직선축에 옮겨 놓은 것이다. 도동서원의 배치는 학문이 천하를 뚫은 51세, 당당하게 죽음을 맞이한 김굉필 선생의 삶과 닮아 있다.

도동서원 은행나무
은행나무가 400년의 세월의 무게를 늘여뜨리고 도동서원의 입구에 서서 방문객을 맞이한다

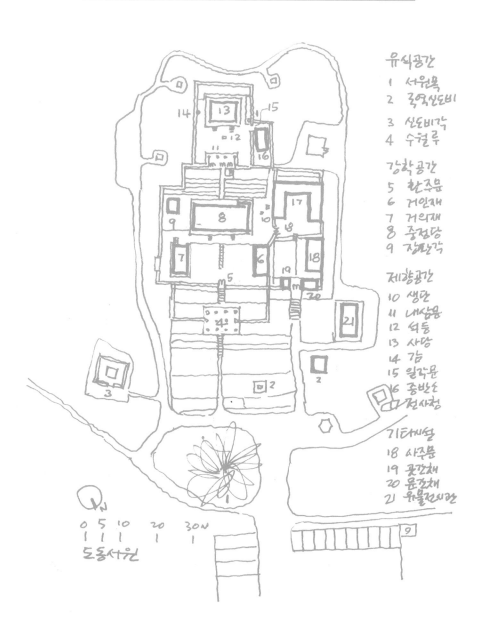

대니산 자락에 기대어 멀리 낙동강을 굽어보고 있는 도동서원

유식공간
1 서원목
2 국민산도비
3 산도비각
4 수월루

강학공간
5 환주문
6 거인재
7 거의재
8 중정당
9 장판각

제향공간
10 생단
11 내삼문
12 석등
13 사당
14 감
15 일각문
16 중방소
17 전사청

기타시설
18 사주문
19 콩간채
20 윤직채
21 유물전시관

도동서원

0 5 10 20 30N
도동서원

도동서원의 정신을 내려다보는 수월루

도동서원의 자연 경관은 추월조한수에서 따왔다. 공정무사한 김굉필 선생의 정신세계를 차가운 낙동강을 비추는 가을 달의 모습으로 그렸다. 김굉필 선생은 생전에 차가운 강을 비추는 달의 이미지로 여러 편의 시문을 남기기도 했다. 한강 정구에 의하여 추월조한수가 도동서원 전망 경관으로 재현되었다.

은행나무 뒤에서 시작된 좁은 진입로가 막돌 허튼 쌓기 4단 석축 위의 수월루水月樓로 곧장 이어진다. 건립 초기에 수월루를 짓지 않은 것은 낙동강으로 향하는 전망을 막지 않기 위함이었을 것이다. 이원조가 쓴 상량문上樑文에 한수조월의 의미를 담기 위해 1849년 수월루를 지었다고 적혀 있다. 천리를 밝혀주는 차가운 물에 비치는 밝은 달을 선비들의 마음에 담을 것을 기약했다.

오늘날 전면 3칸, 측면 2칸의 수월루는 1800년대 중반에 중수했으나 1888년 소실된 것을 거의 백 년 만인 1973년에 다시 지은 것이다. 팔작지붕에 단청으로 장식했지만 내부의 디테일은 기존의 건축에 비해 떨어진다. 평범한 계단으로 2층 누각에 오르니 은행나무 뒤로 낙동강 줄기가 한눈에 들어온다. 개구리섬의 자라바위가 다람재로 달려가는 듯하다. 그 뒤로 산의 낮은 봉우리가 개구리섬으로 달려온다. 이 놀라운 전망은 환주문喚主門이나 강당 대청에서 볼 수 있는 풍성을 미리 당겨 쓴 것이다.

누각에서 강당 방향을 바라보면 환주문 뒤로 중정당中正堂과 거인재居仁齋, 거의재居義齋가 한눈에 들어온다. 좁고 낮은 출입구를 관통하는 직선축의 계단이 환주문을 통과하여 중정당 대청마루에서 멈춘

수월루 2층 누각에 오르면 북쪽 산봉우리가 개구리섬으로 달려드는 놀라운 전망을 볼 수 있다.

다. 개구리바위로 향하는 전망의 축이자 도동서원의 정신의 축인 직선의 계단이 내려다 보인다. 도동서원은 단순히 강을 바라보는 것이 아니라 개구리섬을 향하여 일사분란하게 축을 이룬다. 이 전망축이 정구가 도동서원에서 일관되게 추구한 의리 건축의 핵심이다.

　도동서원은 유네스코 세계문화유산 목록에 등재 신청한 9곳 서원 중 경사가 가장 가파르며 입구에서부터 사당까지 좁은 계단으로 직선 축을 뚫어놓은 독특한 서원이다. 학자수에서 사당에 이르기까지 18단의 석축 기단이 김굉필 선생의 사상으로 다가서는 성찰의 단계로 보인다. 기단 사이에 직선으로 뚫은 좁은 돌계단과 축을 따라 대칭으로 선 건물에 의리의 유학자 김굉필 선생의 정신을 담았다.

이상이 지붕으로 날아가는 환주문

수월루의 외삼문을 통과하면 곧바로 돌계단이 기다린다. 자연석의 모양대로 정갈하게 쌓아올린 석축 사이로 좁은 돌계단이 경사진 화단으로 날아오른다. 이곳이 신성한 공간으로 들어가는 관문임을 알리는 듯하다.

9단을 오르면 환주문에 이른다. 서원 입구에서 환주문, 환주문에서 중정당까지는 각각 17.5미터다. 환주문은 서원 입구에서 중정당에 이르는 계단의 중간 지점에 있다. 수월루를 짓기 전 환주문은 도동서원의 정문이었다. 환주문은 마음의 주인을 부른다는 뜻으로, 김굉필 선생의 사상을 죽비 삼아 내 안의 주인을 불러내어 깨우치라는 의미다.

돌계단 위의 환주문은 단정하고 소박하다. 환주문이 좁은 계단 폭만큼 강당으로 걸음을 열어준다. 한 사람이 겨우 지나갈 수 있을 정도로 좁고 낮은 여닫이문이다. 환주문의 바닥에는 생기를 상징하는 꽃봉오리가 사각형 대 위에 올라타 있다. 개구리섬의 생기를 꽃봉오리로 조각해놓은 듯하다. 환주문 사모지붕의 정점에는 선비가 상투를 말아올린 듯 꼿꼿한 자세로 절병통이 올라타 있다. 바닥의 꽃봉오리 조각이 유생들을 상징한다면 사모지붕 위의 절병통은 김굉필 선생의 사상을 의미할 것이다. 물질의 옹기에 사상을 불어넣은 절병통이 김굉필 선생의 생기로 숨을 쉬는 듯하다. 햇살을 받아 꽃봉오리가 반들반들 윤이 나고 절병통이 반짝일 때마다 유생들의 이상은 한 뼘씩 김굉필 선생의 사상으로 날아갔을 것이다.

석축 위로 기와로 장식한 담장이 환주문에 날개를 달아준다. 진흙을 섞어가며 막돌을 몇 줄 쌓아 올린 다음 황토 한 겹, 암키와 한 줄을

수월루에서 바라본 강당 수월루와 환주문, 중정당이 일렬로 나란하고 거인재와 거의재가 중정당을 따른다.
환주문 지붕 위의 절병통은 김굉필 선생의 사상을 상징한다.

도동서원의 담장 암키와와 수막새, 기와지붕으로 장식한 담장이 환주문의 좌우로 뻗어 있다.

반복하여 쌓아올리고서 수막새를 듬성듬성 박은 후 기와지붕으로 한 번 더 덮었다. 자칫 지루하게 느껴질 수 있는 곳에 운율을 담아낸 도동 서원의 담장은 1936년 보물 제350호로 지정되었다.

수월루를 잠시 지우고 은행나무에서 환주문에 이르는 진입로를 상 상해 본다. 수월루가 없었던 건립 초기에 유생들은 학자수에서 환주 문까지 좁고 긴 계단 길을 올라야 했을 것이다. 그들은 층층계단을 올 라 환주문에 이르러 긴장의 끈을 조이며 마음의 끈까지 조였을 것이 다. 지금은 잘 보이지 않지만 환주문 기둥에는 꽃이 피어나는 형상이 조각되어 있었다고 한다. 이는 바닥의 꽃봉오리가 피어나 환주문의 절 병통으로 비상하려는 의지를 새긴 것이다. 반들반들 윤이 나는 꽃봉오 리를 바라보며 만개하는 자신의 꽃봉오리를 그렸을 유생들의 모습이 떠오른다. 환주문은 사람들의 마음을 불러 그들을 정신의 주인으로 세운다.

층층이 새겨 넣은 의미 중정당의 기단석

환주문의 좁은 문틀 사이로 2개의 현판이 액자 속에 걸린다. 도동서원 과 중정당이라는 글자다. 이는 환주문의 문틀에 선 유생들이 눈으로 학문의 중심성과 목적성을 살피게 한 것이다. 환주문 바닥의 꽃봉오리 와 지붕 위의 절병통이 은유적이라면 현판의 글자는 직설적이다. 유생 들은 환주문이 주는 시적 감흥에 옷고름을 고치다 현판의 글씨로 공 간의 의미를 가슴에 새겼을 것이다.

환주문 너머로 보이는 중정당

도동서원에서 진입축은 직선이라 환주문과 중정당의 현판이 나란히 걸린다.

환주문을 들어서면 넓은 마당에 마음이 확 트인다. 돌아서면 낙동강이 아득하다. 좁은 진입로와 낮은 문으로 통과한 자를 품어주는 사상의 마당이다. 환주문에서 한 품 떨어져 마당 중앙으로 한 사람이 다닐 수 있는 좁은 폭의 인도석이 낮게 깔려 있다. 돌길이 낮은 기단과 만나는 지점에는 거북 모양의 돌조각이 눈을 부릅뜨고 있다. 앞으로 내민 거북 머리는 풍수에 빗대어 길한 이미지로 읽힌다. 오늘날 이 조각은 해학과 여유를 선물하지만 17세기 창건 당시에는 강 건너 개구리 섬으로 날아가려는 의지를 표현했을 것이다.

중정당의 기단은 김굉필 선생의 사상을 높이 받들기 위해 특별하게 만든 것으로, 아래쪽의 지대석, 가운데의 면석, 그 위의 얇은 갑석으로 구성된다. 거친 지대석 위로 전면을 매끈하게 갈아낸 면석을 틈새 없이 짜 맞추어 쌓아올렸다. 그 위로 갑석을 면석보다 조금 내밀어 마감했다. 자연석의 생김새에 맞추어 다양한 색깔의 돌들이 서로 빈틈없이 맞물려 있다. 우리나라에 흔한 화강암이 아니라 농도가 서로 다른 사암 계열의 돌을 끼워넣어 독특한 느낌을 준다.

갑석 아래 석축 면에 여의주를 문 네 개의 용머리가 실감나게 돌출해 있다. 좌우측 계단 사이에 두 개, 계단 밖에 각각 하나씩 총 네 개의 용머리 조각이 기단을 장식한다. 계단 사이의 용머리는 물고기를, 계단 밖의 용머리는 여의주를 물고 있다. 네 개의 용머리 조각 가운데 유독 색이 짙게 바란 조각이 진본이고 나머지 셋은 도난을 우려해 설치한 복제품이다. 풍수에서 비를 내리게 하는 신령스러운 용머리 조각을 도동서원 기단에 설치하여 서원 아래 마을의 수해를 막고자 했다.

석축 양쪽에는 세호라 불리는 다람쥐 조각이 배치되어 있다. 동쪽 세호는 올라가는 모습으로, 서쪽 세호는 내려가는 모습으로 꽃 한 송이와 함께 조각했다. 당시 선비들은 동쪽 계단으로 올라 서쪽 계단으

도동서원 마당과 중정당

환주문을 지나 넓은 마당으로 들어서면 중정당이 넓은 기단석 위에 앉아 있다. 중정당의 원형기둥에
한지를 둘러 김굉필 선생이 유학의 종장임을 공인했다.

중정당 기단석의 조각

(1) 거북모양 돌조각 (2) 용머리 조각 중 유일한 진본 (3),(4) 동쪽 세호(올라가는 모습)와 서쪽 세호(내려가는 모습)

로 내려왔다고 한다. 세호는 이러한 동입서출을 시각적으로 보여주며, 좌우의 꽃을 해와 달로 읽어 음양의 조화라고 해석하기도 한다.

마음의 활시위를 당기는 중정당

도동서원의 강당인 중정당을 올려본다. 석축 기단 위로 정면 5칸, 측면 2칸의 중정당이 간결한 구조로 엄숙하게 서 있다. 처마와 기단을 이어주는 여섯 개의 원형기둥은 보와 만나는 상부에 한 자 정도 한지를 두르고 있다. 스포츠 경기에서 주장이 차는 노란 완장이 떠오른다. 완장의 역사가 조선시대 건축에도 있었다니 놀라울 따름이다. 원형기둥에 두른 한지는 김굉필 선생이 정몽주 이후 끊어진 도학의 도통을 이어받았으며 그가 유학의 종장임을 공인한다는 것을 의미한다.

중정당 처마 아래 도동서원이라는 현판이, 안쪽 벽에 또 다른 현판이 걸려 있다. 전면 현판은 퇴계의 글씨를 모각한 것이며, 그 아래 작은 판에는 정구가 퇴계의 글씨를 모각한 사유를 적었다. 퇴계가 살아 계셨더라면 도동서원의 현판을 직접 썼을 것이라는 정구의 생각이 적혀있다. 대청마루 안쪽의 도동서원 현판은 사액 현판으로 경상도 도사 배대유의 글씨고 그 아래 걸린 중정당 현판은 이관징의 글씨다.

중정당 오른쪽 전사청 굴뚝이 있는 마당에 놓인 생단은 돌기둥 위에 네모난 판석을 올린 버섯 모양이다. 이곳에 가축을 매어 놓고 희생으로서 적합여부를 결정했다.

중정당 대청마루에 서서 마당을 굽어본다. 서재 거의재와 동재 거인

중정당 현판 도동서원 현판 아래 퇴계의 글씨를 모각한 사유를 적은 작은 현판이 보인다.

생단 버섯 모양의 생단에 희생에 사용할 가축을 매어두었다.

중정당에서 마당을 바라보면 환주문의 절병통이 수월루의 팔작지붕을 돛단배처럼 타고 있는 듯하다.

재가 마주한다. 도동서원과 남계서원의 동·서재는 비슷하지만 도동서원은 낙동강 방향의 전망을 판벽으로 막았다. 이는 유장하게 흐르는 낙동강 줄기에 마음을 빼앗기지 않으려는 의도로 읽힌다. 처마 아래 낙동강으로 열린 전망이 안기고 기둥 사이로는 환주문이 걸린다. 개구리섬과 다람재가 서로 당기는 그 사이, 극도로 긴장된 순간의 생기를 수월루 팔작지붕이 돛단배처럼 가린다. 돛단배를 타고 있는 절병통의 모습도 나쁘지는 않지만 오백 년 전 수월루를 짓기 전의 풍경이 그립다. 거인재와 거의재가 팔을 벌려 환주문 사모지붕 위에 절병통을 세우고 낙동강을 가리키는 듯했을 것이다.

수월루 팔작지붕을 벗겨버리면 다람재와 개구리섬 사이의 팽팽한 정점으로 절병통이 날아갈 것이다. 풍수에서 극도의 긴장이 느껴지는 곳은 생기가 응집하는 곳이다. 이 전망을 중정당 대청마루에서 더 이상 볼 수 없다니 아쉬울 따름이다.

정구가 설계한 도동서원의 배치는 탁월했다. 정구는 절묘한 높이로 환주문을 세우고 절병통을 올려 중정당에서 마음의 활시위를 당겨 개구리 바위로 날려 보내는 사상의 화살촉으로 삼았다. 도동서원은 학문이 도달해야 할 목적지를 정확히 가리키고 있다.

김굉필 선생의 정신을 그려 넣은 **이름 없는 사당**

사당으로 오르는 계단은 환주문에 이르는 진입축과 동일한 축을 따라
나 있다. 정구는 퇴계의 제자였지만 도동서원을 설계하면서 강당 동쪽
에 사당을 세워야 한다는 『주자가례』의 원칙을 지키지 않았다. 이는 김
굉필 선생의 의리 학문을 배치에 실어 직선의 축을 강조하는 것이 더
중요하다고 생각했기 때문일 것이다. 중정당 뒤에 사당의 출입구를 두
었지만 강당이 사당을 등지고 있다는 생각은 들지 않는다. 일직선으로
난 돌계단이 김굉필 선생의 사상을 옮겨놓은 성찰의 길로 다가오기 때
문이다.

중정당에서 내삼문으로 이어지는 길 도동서원에서 일직선의 축은 사당까지 이어진다.

돌계단의 왼쪽과 오른쪽 조각 각각 태극 문양과 만 자 문양이 새겨져 있다.

　도동서원에서 가장 가파르고 긴 사당으로 오르는 돌계단은 석축 높
이에 맞추어 완급을 조절했다. 해자를 건너듯 작은 도랑 위의 판석을
넘어서면 두 번째 계단 입구 양쪽으로 빛바랜 조각이 고개를 세운다.
왼쪽은 태극 문양을 양각했고 오른쪽은 만卍자 비슷한 문양으로 음각
했다. 옛 사진을 보면 문양 아래쪽 계단 양 옆에 봉황 머리 모양의 조
각이 있는데 지금은 뜯기고 없다.

　계단을 오르면 중앙문과 오른쪽 문으로 향하는 계단이 분리되어
있다. 중앙문으로 이어지는 직선축의 계단은 혼이 다니는 길이고, 사람
은 오른쪽으로 난 별도의 계단으로 다녀야 했다. 계단이 나뉘는 지점
의 양쪽에 꽃봉오리 조각이 있고 그 위로 양머리 조각이 계단 중앙의
바닥에서 얼굴을 내민다. 계단 바닥에는 꽃무늬 장식을 조각했다. 영
혼이 즈려밟고 걸어가는 꽃길을 돌에 새겨 넣은 것이다.

　높은 담장으로 둘러싸인 내삼문엔 별도의 현판이 걸려 있지 않다.

돌계단 조각 계단이 나뉘는 지점을 꽃봉오리와 양머리 조각으로 장식하고 꽃무늬를 새겨 넣어 꽃길을 밟고 가게 했다.

학자의 기품을 상징하는 배롱나무가 내삼문 좌우에 서서 수백 년의 세월을 지켜주는 듯하다. 중정당의 기단보다 몇 배는 더 정성스럽게 다듬어 가지런히 세운 면석 위에 두툼한 갑석을 깔고 정면 3칸 측면 3칸의 사당이 서 있다.

사당은 현판을 두르지 않았다. 유독 서로 절친했던 정여창, 김굉필 선생의 사당에만 이름이 없다. 의리의 학문 세계를 사사로운 문자 기호로 가둘 수 없다는 뜻으로 읽힌다. 단청으로 마감한 사당 내부는 통칸으로 틔었으며 뒷벽 중앙에 한훤당 김굉필의 위패를, 서쪽 벽에는 도동서원을 지은 한강 정구의 위패를 모셨다.

서쪽 정구의 위패 위로 낯익은 벽화가 그려져 있다. 사당을 지을 때 그려진 것이라고 유사가 설명한다. 가지를 흐드러지게 펼친 큰 소나무 뒤로 보름달이 떠 있고 아래쪽 여백에 설로장송雪路長松이라고 써 넣었다. 5세기가 지난 벽화에서 선생의 절개가 생경하게 피어난다. 마주

사당 도동서원의 사당에는 현판도, 이름도 없다.

보이는 동쪽 벽에도 달이 뜬 강변 풍경이 그려져 있다. 왼쪽에 작은 배
가 달그림자를 싣고 유유히 떠 있고 오른쪽 여백에는 강심월일주江心
月一舟라고 적었다.

　강심월일주는 김굉필 선생의 시 「선상」의 끝 구절이며 설로장송은
다람재 시비의 「노방송」과 내용이 비슷하나 제목을 다르게 한 것이다.
설로장송은 눈과 서리 내리는 추운 겨울에야 비로소 푸름을 자랑하
는 소나무를 알아볼 수 있다는 뜻이며, 강심월일주는 강에 내린 달빛
이 배에 가득찼다는 의미다. 소나무의 푸름은 군자의 높은 기개와 절
개를 상징한다. 강심월일주가 김굉필 선생의 천인합일 정신을 나타낸
다면 설로장송은 김굉필 선생의 의리 정신을 의미할 것이다.

사당 내부 설로장송과 강심월일주 벽화

김굉필 선생의 정신을 소나무와 달빛으로 그려냈다.

망례위
도동서원에서 제문을 태우는 망례위는
독특하게 벽에 설치되어 있다.

『한국의 서원문화』에 따르면 도동서원은 오늘날까지 서원이 주체가
되어 가을 묘제만 지내고 있다고 한다. 김굉필 선생의 아버지 묘제를
봉행한 다음 김굉필 선생의 묘제를 지낸다. 절차는 일반 묘제와 같지
만 밥과 국을 올리지 않기 때문에 헌작 후에 유식례(신이 음식을 편하게
드시도록 기다리는 것) 없이 바로 사신 재배(떠나는 조상께 두 번 절함)를 한다.

　사당 동쪽 담장에 감坎이라고 불리는 정사각형 구멍을 판석으로 마
감해 놓았다. 제사에 쓴 제문을 태우는 망례위로, 망례위를 지상이 아
닌 벽에 설치한 것은 도동서원이 유일하다. 사당 마당에는 소실된 것
을 최근에 복원한 화사석火舍石(석등)이 서 있고, 동쪽 담장 밖에는 제
삿밥을 짓고 기물을 보관하는 증반소가 있다. 가슴 한쪽에 설로장송
과 강심월일주를 생생하게 새기며 사당을 나선다.

직선축으로 흐르는 사상의 힘

도동서원을 오르면 직선의 좁은 돌계단이 화살처럼 날아간다. 서원으로 들어갈 때는 김굉필 선생의 학문세계로 다가서는 마음의 화살이고, 서원을 나설 때는 김굉필 선생의 사상을 세상으로 퍼뜨리는 이상의 화살이다. 그 모습은 자못 저돌적이고 시각적이다. 건축 공간에서 직선은 목적을 실은 동선이다. 좁은 직선의 돌계단은 의리 학문의 개척자 김굉필 선생의 정신과 맞아 떨어진다. 보통 사람은 도저히 흉내낼 수 없는 강직한 성품을 돌계단에 옮겨놓았다.

좁고 가파른 돌계단을 도동서원 배치의 중심축으로 설정하고 그 정점에 환주문을 세워 잠시 걸음을 멈추고 생각을 가다듬게 한다. 마당과 건물은 김굉필 선생의 사상을 담은 사유의 연못이 되고 문과 마당, 건물이 어우러져 직선의 길에 의미를 더한다. 이는 설계자인 정구가 김굉필 선생의 사상을 명료하게 꿰뚫었기 때문에 가능한 배치였다.

도동서원을 세운 정구는 강당 동쪽에 사당을 세워야 한다는『주자가례』의 원칙을 이미 알고 있었으나, 그럼에도 사당으로 오르는 계단을 진입축과 일치시켰다. 시각적인 축은 속도감을 불러일으키고 그 속도는 목표로 향하여 날아갈 듯 긴장감을 유발한다. 도동서원에서 직선축은 은행나무에서 중정당까지 저돌적으로 내달렸다가 중정당에서 잠시 끊어진 듯 사라지고, 중정당 뒤에서 곧장 사당으로 날아오른다.

이는 사당이 정신적인 공간에 머무르지 않고 강학 공간을 사상적으로 지배하며 개구리섬으로 형상화된 이상세계를 지향함을 말해준다. 도동서원은 의리 학문의 대통인 김굉필 선생의 강직한 사상을 직선축으로 구현했다.

도동서원에 난 직선의 돌계단은 김굉필 선생의 내면으로 침잠하는 동시에
바깥으로 퍼뜨리는 사상의 화살촉이었다.

3장

·

위대한 인물을 향한 존경을 담다

김인후 선생의
필암서원 筆巖書院

평지에 앉아 있는 필암서원은
도학자 하서 김인후 선생의 예를 본받아
실천하는 도장으로
호남 지역 선비들을 결집시켰던
강학 공간이다.

필암서원은 평지에 배치되어 외부에서
는 내부의 공간 구성이 드러나지 않는
다. 필암서원 배치의 가장 큰 특징은 누
각과 강당이 남쪽을 바라보는 듯하지
만 공간적으로 사당을 향해 열려 있다
는 것이다. 이는 김인후 선생이 평소 주
창한 예의 공간을 실현하기 위함이다.
누각은 들판을 바라보는 듯하지만 공
간적으로는 사당을 향해 고개를 숙이
고, 강당은 마당을 두고 사당으로 대청
마루를 열어 존경을 표한다.

자연과 하나 되고자 했던 도학자 하서 김인후

필암서원筆巖書院에 모셔진 하서河西 김인후(1510~1560)는 16세기 성리학이 조선의 정치 철학으로 자리 잡은 시기의 대표적인 유학자로 동국 18현 중 유일하게 호남 인물이다. 오주석의 『옛 그림 읽기의 즐거움』에서 김인후 선생의 어린 시절을 다음과 같이 적고 있다.

> 김인후는 다섯 살 어린 나이에 정월 대보름달을 보고 오언절구 시를 지었다. "밝은 저 달은 원래 사사로움이 없기 때문에 항상 제때가 되면 제 높이에 환하게 뜨는 것이기 때문입니다." 5살의 나이에도 대지의 넓음과 절기의 변화를 인식하였다. 자연과 공간과 시간 속에 사람이 살아간다는 원리를 깨우쳤다. 구절에 맞추어 땅, 하늘, 사람을 순서대로 언급하였다. 이 3가지는 우주의 기본 바탕인 천지인을 지칭한 것이다.

어린 나이임에도 자연의 운행 질서로부터 도덕심을 떠올렸다는 것이 놀랍다. "밝은 달은 본래 사사롭지 않다"에서 '사사로움'은 제멋대로 쉽게 날뛰는 인간의 마음을 가리킨다. 변함없이 제때 제 높이에 떠서 세상을 환하게 비추는 달과 달리 그렇지 못한 인간에 대한 아쉬움을 드러낸 구절이다.

이런 사유는 자연을 바라보는 옛사람들의 사고방식을 보여주기도 한다. 천자문은 "하늘은 검고 땅은 누르며, 우주는 넓고 거칠다天地玄黃宇宙洪荒"로 시작한다. 옛 어린이들은 천자문을 읽으며 하늘과 땅의 본질을 사유했고 넓고 광활한 우주 공간을 상상했다. 글자를 배우며

필암서원 전경

필암서원은 평지에 나란히 배치되어 있다. 남쪽을 바라보는 듯하지만 사당을 향해 열린 독특한 구조다.

자연스럽게 해와 달, 별자리와 계절의 변화를 통찰했다. 옛 사람들은 자연의 위대함과 이치를 깨달아 인간사에 조화롭게 적용하고자 했다.

김인후 선생 또한 자연과 우주세계, 인간에 대한 폭 넓은 인식을 바탕으로 하는 교육을 받으며 자라났다. 곧 도덕과 윤리는 경전 속의 글귀가 아니라 해와 달과 우주질서와 사계절의 변화 속에 있음을 발견했다. 자연과 인간을 서로 분리되는 것이 아니라 한몸으로 보는 물아일체적인 관념을 공유한 것이다. 이는 궁극적으로 "하늘과 인간이 합일하여 하나의 완전체를 이룬다(천일합일)"는 동양적 사고로 이어졌으며, "사람이 곧 하늘이라(인내천)"는 숭고한 경지에 이르렀다.

김인후 선생의 학문과 사상을 크게 네 시기로 나눌 수 있다. 18세까지의 청춘기는 그의 아버지와 전라도 관찰사 김안국, 송순, 최산두, 박상 등의 여러 스승으로부터 학문을 배운 시기였다. 1528년 19세에 성균관 시험에서 칠석부로 장원하고 22세에 사마시에 합격한 후, 36세까지의 청년기에는 성균관에서 공부하며 관직 생활을 했다. 그는 성균관에 9년간 머무르며 10여 년 선배인 퇴계 이황과도 깊은 친분을 쌓았다. 1540년 마침내 대과에 급제하여 세자시강원世子侍講院에서 당시 세자였던 인종의 교육을 담당했다. 이 무렵 그는 기묘사화 피해자들의 신원을 회복시키며 정치적 이상을 실현하겠다는 포부를 키웠으나 인종이 갑작스럽게 승하하자 관직을 내려놓고 장성으로 낙향했다. 인종과의 인연은 이후 김인후 선생의 삶에 빛과 어둠의 그림자를 드리웠다.

46세까지의 중년기는 향촌에서 훈몽재訓蒙齋를 짓고 학문 연구와 제자 양성에 힘쓰던 시기다. 인종의 죽음을 애석하게 생각했던 선생은 병을 얻고 시와 술로 방황했다. 말년에는 성리학에 대한 깊은 이해를 바탕으로 활발한 학문적 토론을 전개해 호남 성리학, 나아가 조선 성리학의 줄기를 세우는데 기여했다. 당시 성리학의 최대 화두인 이와 기의 논쟁에서 이와 기를 분리하여 생각할 수 없다는 주장을 견지하는 동시에 이의 우위성을 인정했다. 그는 이항, 유희춘, 박광전, 기대승과 더불어 호남 오현으로 불린다. 송시열로부터 "도학과 절의와 문장을 다 갖춘 사람은 오직 김인후 한 사람뿐이다"라는 평가를 받았으며, 여기에 정조는 '동방의 주자'라는 평가를 보냈다.

　김인후 선생은 도학을 존중하고 성현의 법에 따라 백성의 마음을 바르게 하고자 했다. 이처럼 뛰어난 학문적 역량과 어진 마음을 지녔던 그는 인종이 특별히 아껴 재능을 크게 발휘할 것으로 촉망받았다. 하지만 임금이 갑자기 승하하여 시운이 어긋나자 스스로 몸을 감추고 초야에 묻혀 지내며 청렴과 권도의 중용을 잃지 않았다. 매년 7월 1일이면 난산의 통곡대에 올라 인종이 일찍 돌아간 사실을 애달파 했다고 전해진다.

불굴의 정신으로 살아남은 **필암서원**

1590년 김인후 선생의 제자 기효찬과 변성은, 변이중 등이 뜻을 모아 장성읍 기산리 남쪽에 처음 서원을 세웠다. 정유재란에 김인후 선생의 제자들이 의병에 참여했다는 이유로 소실되었으나, 그의 제자들이 17세기 초에 중건을 추진하여 증산동으로 옮겨 세웠다. 이때 추담 김우급이 상량문을 지었다.

　17세기 중반 오이익을 중심으로 전라도 유생들의 연명 상소가 이어져 이듬해에 조정으로부터 필암이라는 사액을 받았고 3년 뒤 현종이

필암 바위 필암서원의 이름은 맥동마을 입구의 필암 바위에서 유래했다.

친히 현판을 써서 하사했다. 필암이라는 이름은 김인후 선생의 출생지인 황룡면 맥호리 맥동마을 입구에 있던 붓 바위에서 비롯되었다. 예부터 터를 잡은 곳에 붓 모양의 문필산이나 바위가 있으면 대학자가 난다고 믿었다. 사액 이후 김인후 선생은 당상(정3품)에 추증(죽은 후 벼슬을 높여줌)되었고 1669년에는 문정이란 시호가 내려졌다. 사액을 받고 시호가 내려지며 필암서원은 호남을 대표하는 서원이 되었다.

하지만 증산동은 지대가 낮아 수해 위험이 높았고, 더불어 사액서원에 걸맞게 건물의 규모를 늘리기 위해 지금의 자리로 이전했다고 『한국의 서원유산 1』이 전하고 있다. 마침 서인의 영수 송시열의 동생

송시도가 장성부사로 오면서 필암서원 이전이 마무리되었고, 송시열과 지정익이 각각 상량문을 지었다.

사액 이후 김인후 선생의 문묘 종향이 추진되었으나 25년이 지난 1796년에야 이루어졌다. 『한국의 서원유산 1』에 따르면 정조는 김인후 선생의 문묘 종향을 윤허하는 글에서 "김인후는 우리나라의 주자다"라고 극찬하며 직접 제문을 짓고 우부승지 이면긍을 보내 제사를 올리게 했다고 한다. 정조는 제문에서 "포은 정몽주와 정암 조광조 이후 우리나라 도학이 막혔다가 퇴계 이황과 하서 김인후에 이르러 빛을 발했다"라고 추모했다. 이런 연유로 필암서원은 대원군의 서원 철폐령에도 살아남을 수 있었다. 당시 전라도에서 살아남은 서원은 필암서원과 태인의 무성서원, 광주의 포충사뿐이었다.

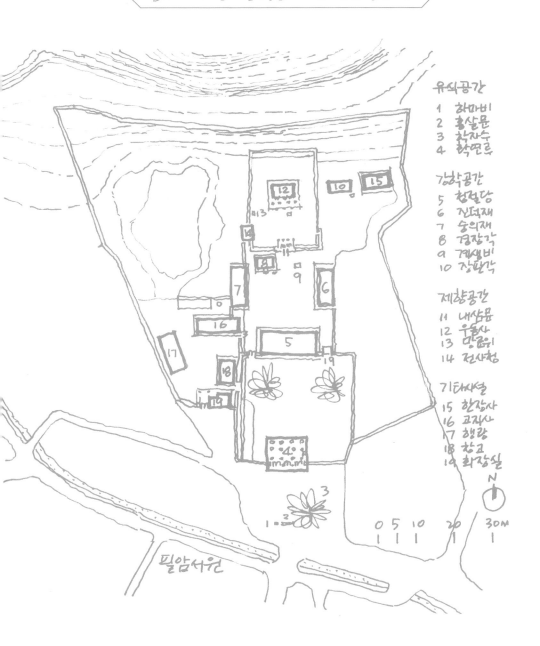

들판 너머로 멀리 월선봉을 바라보고 있는 필암서원

유식공간
1 하마비
2 홍살문
3 확자숲
4 확연루

강학공간
5 청절당
6 진덕재
7 숭의재
8 경장각
9 계생비
10 장판각

제향공간
11 내삼문
12 우동사
13 망료위
14 전사청

기타시설
15 한장사
16 고직사
17 행랑
18 창고
19 화장실

N

0 5 10 20 30M

필암서원

들판으로 나아가는 **필암서원의 배치**

문필천이 흐르는 나지막한 산자락에 동국 18현으로 불리는 김인후 선생을 모신 필암서원이 앉아 있다. 평지가 누각을 지나 청절당淸節堂, 우동사佑東詞까지 길게 이어지다 서원 뒤 산자락에서 급경사를 이룬다. 전망 경관으로 문필천이 흐르고 그 뒤로 펼쳐지는 월선봉이 관념적인 의미를 더해준다.

이러한 풍수 형국의 필암서원은 자좌오향子坐午向으로, 정남향으로 자리 잡았다. 들판을 흐르는 하천을 향하여 달려드는 산을 연화산이라 한다. 남계서원의 연화산이 서원을 가슴에 품었다면 필암서원의 연화산은 봉황의 부리로 필암서원을 물고 막 들판으로 날아가려는 듯한 형국이다.

필암서원 앞으로 다가서면 작은 도랑으로 맑은 물줄기가 흐른다. 작은 판석을 건너니 붉은 홍살문이 성큼 막아선다. 도랑이 관념적인 경계선이라면 홍살문은 정신적인 경계선이다. 홍살문 왼쪽에는 하마석이 낮게 있고 오른쪽으로는 학자수인 은행나무가 대문으로 이끈다.

홍살문을 지나자 붉은 단청을 두른 2층의 확연루廓然樓가 담장을 허리에 두르고 막아선다. 확연루 앞으로 다가서자 연화산이 그 자태를 드러낸다. 서원 뒤로 우뚝 솟아오른 봉우리가 봉황의 머리로, 좌우로 곡선을 그리는 봉우리는 봉황의 날개로 보인다. 필암서원은 평지에 배치되어 서원 밖에서는 2층 누각밖에 보이지 않는다. 우리나라의 서원 구조는 일반적으로 전저후고형이지만 필암서원은 평지에 있어 문필천을 굽어볼 수 있는 곳이 2층 누각뿐이다.

자연을 선택적으로 받아들이는 **확연루**

홍살문 뒤로 정면 3칸 측면 3칸에 팔작지붕을 한 2층 건물인 확연루가 서 있다. 현재의 확연루는 1672년에 세웠다가 화재로 소실된 것을 1752년에 다시 세운 것으로 디테일이 다소 거칠다. 1층에는 외삼문 좌우로 나란히 담장을 설치했다. 자연석을 촘촘하게 박은 토담 위로 붉은 단청 옷을 입은 누각이 올라타 있다. 팔작지붕 처마에 걸린 편액은 송시열의 글씨다.

혼이 다니는 외삼문의 중앙문은 좌우측 문보다 폭이 조금 더 크다. 고개를 숙여야 할 정도로 상인방이 낮고, 문지방은 활처럼 휘어 달을 상징하는 듯하다. 사람은 오른쪽으로 들어가서 왼쪽으로 나와야 한다는 규칙에 따라 오른쪽 문으로 들어서니 누각의 마룻바닥을 기둥들이 열 지어 받치고 있다. 덤벙주초 위에 가공하지 않는 16개의 기둥들은 하나같이 다른 모양으로 뭉툭하다.

2층 누각의 들판을 향한 남쪽 벽은 판벽으로 막혀 있다. 동서쪽 벽은 2/3는 판벽으로 막은 뒤 창문을 설치했고 1/3은 계자난간으로 개방했다. 반면 사당을 바라보는 북쪽은 계자난간으로 완전히 열려 있다. 형태적으로 들판을 굽어보지만 기능적으로는 돌아앉은 구조다. 아무나 서원 안으로 들여보내지 않을 기세다.

확연루의 명칭은 "군자의 학문은 확연히 공평하여 사물이 왔을 때 그대로 받아들여 따를 뿐이다"라는 북송시대 유학자 정호의 글에서 취한 것이다. 2층 누각에 올라 남쪽 판벽의 창문을 열어 재끼면 세 개의 창문으로 들판이 안긴다. 확연하게 열린 경관을 보니 마음을 넓게 함으로써 천지만물과 하나 된다는 말이 실감난다.

필암서원의 가을 모습
홍살문 너머로 확연루가 보인다. 필암서원은 평지에 배치되어 건물은 확연루에 가려 잘 보이지 않는다.

확연루
들판으로 향하는 남쪽 벽은 판벽으로 막았지만 사당을 바라보는 북쪽 벽은 열어 두었다.

확연루에서 바라본 강학 공간
정면으로 보이는 청절당은 앞모습이 아닌 뒷모습이다. 북쪽의 사당을 향하고 있어 왼쪽의 쪽문으로 들어가야 정면을 볼 수 있다.

확연루의 2층 창문은 열림을 전제로 닫혀 있다. 확연루는 문필천으로 향하는 외부 조망을 선택적으로 받아들여 내부 서원으로 열어놓음으로써 확연대공廓然大公, 널리 모든 사물에 사사로움 없이 공평함을 실현하는 공간이었다.

한국의 서원에서 누각은 자연으로 열리고 강당 쪽으로 막힌 것이 일반적이다. 하지만 필암서원에서 누각은 강당 쪽으로 활짝 열린 반면 남쪽으로는 판벽에 창문을 뚫어 자연을 선택적으로 받아들이게 했다. 확연루는 배치상으로는 남쪽 들판을 향하지만 공간적으로는 북쪽 사당을 바라본다. 이러한 점에서 옥산서원의 무변루와 닮았으나 위압적인 느낌은 없다. 유식 공간의 본질을 망각하지 않으면서도 사당으로 예를 표하고 있기 때문이다.

들판을 등지고 사당에 절하는 청절당

확연루에서 내려와 강당인 청절당으로 향한다. 확연루에서 청절당으로 향하는 진입로에서 보이는 것은 청절당의 뒷모습이다. 마당을 가로질러 왼쪽 쪽문으로 들어가면 보이는 반대편이 청절당의 정면이다. 쪽문은 폭도 좁고 높이도 낮아 들어서는 순간 저절로 고개를 숙여 사당에 예를 표하게 된다.

마당 앞으로 필암서원에서 가장 큰 건물인 전면 5칸 측면 3칸의 청절당이 맞배지붕을 세우고 앉아 있다. 좌우 한 칸은 온돌방이고 중앙의 3칸은 대청으로 뚫려 있지만 들판을 향하는 남쪽은 판벽으로 막

청절당 배면도 확연루와 마찬가지로 들판으로 향하는 남쪽 벽면을 판벽으로 막았다.

고 창문을 설치했다. 남쪽 판벽에 뚫린 3개의 창문이 문필천의 생기를 마시는 유일한 숨구멍이다.

　청절당은 진원현의 객사였던 것을 1672년에 옮겨온 것으로, 김인후 선생을 기리는 마음이 생생하게 느껴지는 공간이다. 필암서원 현판은 윤봉구가, 청절당 현판은 김인후 선생의 맑은 절의를 되새기라는 뜻으로 송준길이 썼다. 청절당은 청렴결백한 정신으로 벼슬길에 나가지 않은 김인후 선생의 곧은 절개를 상징하는 이름이다.

　대청마루는 우동사를 향해 가슴을 활짝 열고 있다. 원장과 선비들이 기거했던 좌우 온돌방까지 툇마루를 내어 사당으로 열었다. 방과

청절당 정면도 청절당은 남쪽 들판이 아닌 북쪽 사당을 향해 뚫려 있다.

대청을 들락거리는 매 순간 사당에 예를 표하도록 한 공간 배치다. 이는 필암서원의 지형을 보완하는 구조기도 하다. 한국 서원의 전형적 배치는 전저후고 형태지만 필암서원은 평지에 위치해 이를 적용할 수 없었다. 이러한 문제를 해결하기 위해 청절당과 우동사 사이에 넓은 마당을 두고 강당이 우동사를 바라보게 했다.

동재 진덕재進德齋와 서재 숭의재崇義齋도 강당과 사당 사이의 시선을 방해하지 않도록 뒤로 훌쩍 물러나 있다. 한국의 서원이 대부분 강당 앞에 동·서재를 두고 누각을 바라보는 것과 달리, 필암서원은 강당 뒤에 동·서재를 두르고 사당을 바라본다. 강당이 동·서재를 대동하여

필암서원과 청절당 현판

각각 윤봉구와 송준길이 썼다.

청절당에서 바라본 사당
청절당이 남쪽을 판벽으로 막고 북쪽으로 대청을 열어 돌아앉은 것은 사당으로 시선을 열기 위해서다.

김인후 선생을 모신 사당을 향해 예를 올리는 모습이다. 평생 인종을
깊이 흠모하며 살았던 김인후 선생과 같이 평생 스승의 사상을 흠모하
며 후학들을 길러내겠다는 제자들의 다짐이 서원의 배치에 담겨 있다.

철정당에서 시선의 축은 마당을 통하여 사당으로 향한다. 누각을
바라보는 호방함은 닫아버리고 끊임없이 김인후 선생을 존숭하는 그
정신만이 흐른다.

안으로 마음을 기르고 밖으로 실천하는 숭의재와 진덕재

숭의재와 진덕재가 청절당과 우동사 사이의 넓은 마당 좌우에서 서로 마주 본다. 대부분의 서원에서 강당은 바로 앞에서 사당을 등지고 있지만, 필암서원의 강당은 동·서재의 어깨를 감싸며 사당을 향하여 절을 하고 있다. 강당과 재사가 함께 사당에 예를 올리는 곳은 필암서원이 유일하다.

진덕재와 숭의재는 정면 4칸, 측면 1칸 반에 맞배지붕을 한 납도리 집이다. 진덕재와 숭의재의 평면 구성은 좌우 측면 1칸은 온돌방, 중앙의 2칸은 마루로 동일하다. 하지만 숭의재는 중앙 2칸의 대청마루에 판벽과 문을 달아 외부에서 보면 동일한 4개의 방이 나란하다.

진덕재와 숭의재 모두 마당 방향으로 반 칸 쪽마루가 나 있다. 이는 좁은 공간을 효율적으로 사용하기 위한 지혜로 보인다. 진덕재는 동쪽으로 방을 내밀어 공간을 확보한 것에 더해 남북으로 툇마루를 확장하여 공간 효율을 더했다. 특이하게도 반 칸의 쪽마루가 중앙 대청마루보다 한 단 낮게 설치되어 있다. 이는 유생들의 보행이 편리하도록 마루의 높이를 세심하게 조정한 것이다.

진덕재는 『주역』에서 따온 명칭으로, 군자가 덕을 기르고 업을 닦기 위해 노력한다는 뜻이다. 진덕재가 안으로 마음을 기르는 것을 의미한다면, 숭의재는 밖으로의 실천을 의미한다. 안으로는 덕을 기르고 밖으로는 의를 높이고자 했던 김인후 선생의 절개를 청절당, 진덕재, 숭의재 당호를 빌어 설명했다.

확연루와 청절당, 우동사는 모두 단청 옷을 입고 있지만 진덕재와 숭의재는 세월의 때가 나뭇결에 겹겹이 내려앉아 여기저기 금이 가고

진덕재와 숭의재

일반적인 서원의 배치구조와 달리, 진덕재와 숭의재는 청절당 뒤에서 서로 마주보고 있다.

틀어져 희끗희끗하다. 도장하지 않은 한옥의 목재 틈으로 나는 향기
가 무심한 세월을 꿋꿋하게 지켜온 성실을 오롯이 뿜어내는 듯하다.

필암서원의 시선축이 향하는 곳 우동사

청절당에서 마당을 가로질러 숭의재와 진덕재를 지나 우동사의 입구
인 내삼문 앞에 선다. 자연석으로 2단의 기단을 쌓아 그 위에 내삼문
을 세웠으며 좌우에 낮은 토담을 두르고 출입문에 맞추어 3개의 댓돌
을 놓았다. 내삼문으로 들어서면 한 단 낮게 마당이 있고 그 뒤로 정
면 3칸, 측면 1칸 반의 맞배지붕을 한 우동사가 앉아 있다. 바른층쌓기
로 된 낮은 기단 위의 초석에 두리기둥을 세워 주두를 놓고 쇠서(소의
혀 모양의 장식) 두 개를 놓은 이익공 구조다.

우동사는 연화산을 등지고서 단을 돋우고 남향으로 앉아 청절당과
확연루를 넌지시 바라본다. 우동사는 서원 의례뿐만 아니라 강학의
핵심 공간으로 필암서원의 실질적인 중심이다. 우동사의 서쪽에는 인
종이 하사한 〈묵죽도墨竹圖〉를 보관한 경장각敬藏閣이, 동쪽에는 계생
비繫牲碑가 나란히 서서 우동사의 권위를 받든다.

좁은 3칸, 측면 1칸의 팔작지붕에 단청을 입힌 경장각은 낮은 기단
을 두르고 정면에 댓돌을 놓아 〈묵죽도〉의 권위를 드높인다. 〈묵죽도〉
에는 인종과 김인후 선생의 각별한 우정이 스며들어 있다. 처마 아래
걸린 경장각 현판은 왕과 조상의 유물을 공경하여 소장하라는 의미로
정조가 쓴 것이다.

우동사

필암서원의 시선축이 향하는 곳으로, 실질적인 중심이 되는 건물이다.

경장각 우동사의 서쪽에 위치하며 인종과 김인후 선생의 우정을 상징하는 〈묵죽도〉를 보관하고 있다.

경장각 오른쪽의 계생비는 지붕과 비석, 기단이 균형을 이룬다. 계생
비는 비석에 향사에 바칠 가축을 매어 놓았다는 데서 유래한 명칭이
다. 향사를 준비하는 제관들이 계생비에 묶인 가축의 주위를 돌면서
제물로 쓰기에 적당한지의 여부를 결정했다고 한다. 비석의 전면에 '필
암서원계생비'라 새기고 뒷면에는 서원의 건립 취지와 연혁을 적어놓
았는데, 따라서 이를 묘정비廟庭碑라 부르기도 한다.

우동사 앞에 서면 반 칸 앞으로 내민 4개의 기둥이 손을 뻗어 반긴
다. 창문이 나무가 아니라 한지로 되어 내부가 여염집 안방처럼 밝고
아늑하다. 우동사 북쪽 벽에는 김인후, 동쪽 벽에는 양자징의 위패가

계생비 희생에 쓰일 가축을 묶어두었던 곳으로, 묘정비라 부르기도 한다.

모셔져 있다.

우동사의 동, 서, 북쪽 내부를 벽화가 병풍처럼 둘러싼다. 작가 미상
에 세련되게 처리되지 않아 주목을 끌기엔 다소 부족한 느낌이다. 하
지만 인종을 그리워했던 김인후 선생의 마음과 김인후 선생을 그리워
했던 제자들의 공경심만은 전해지는 듯하다. 실제로 우동사 또한 하늘
의 도움으로 동방에 태어난 이가 하서 김인후임을 뜻하는 명칭이다.

우동사 내부

김인후 선생과 양자징의 위패가 모신 우동사는 벽화로 빼곡하다.

서원의 빈자리를 채우는 **부속시설**

우동사 동쪽 담 바깥에는 정면 3칸, 측면 1칸에 맞배지붕을 한 장판각이 서 있다. 장판각에는 김인후 선생이 생전에 남긴 글이나 목판을 보관했다. 강당과 멀찌감치 떨어져 햇빛이 잘 드는 곳에 남향으로 배치했는데, 이는 습기를 방지하고 화재로부터 보호하기 위함이다.

장판각 동쪽으로 3칸에 맞배지붕을 한 한장사汗掌舍가 나란히 놓여 있다. 한장사는 서원을 관리하는 노비의 우두머리가 거주하던 곳이었는데, 장판각과 우동사가 나란히 선 것은 이 둘을 동시에 관리하기 위함으로 보인다.

우동사 담장 뒤로 한 품 떨어진 경사지에 담장이 서 있다. 가파른 연화산에서 내려오는 물길을 일차로 막기 위한 차수벽이다. 우동사 서쪽 공원 남쪽으로 낮게 난 담장에는 고직사와 행랑채가 놓여 있다. 고직사는 서원을 관리하는 원지기가 거주하던 곳으로 청절당과 인접하여 쪽문으로 드나들었다. 방과 대청, 부엌이 딸린 일반 살림집 평면으로 남향이다.

장판각과 한장사, 고직사

부속시설이 여기저기 흩어져 필암서원의 빈 공간을 메운다.

사상으로 침잠하는 마음의 우물

필암서원은 두 개의 마당이 각각 확연루와 청절당, 청절당과 우동사 사이에 놓여 배치의 강력한 축을 형성한다. 누각과 강당, 동·서재가 줄을 서서 사당으로 고개를 숙이는 형국이다. 외삼문으로 들어서면 아늑한 마당이 마음을 정화하지만 그것도 잠시뿐이다. 쪽문으로 고개를 숙이고 강학 공간으로 들어서는 순간 사당이 한눈에 들어온다. 예를 실천한 김인후 선생의 사상을 공경하려는 마음이 서원의 배치에 녹아 있다.

경주의 옥산서원이 누각과 강당 사이에 마당을 두고 대청마루에서 마침내 자옥산 봉우리로 전망을 열어놓은 것에 비해 필암서원에서는 탄성을 지르게 하는 전망축은 발견할 수 없다. 필암서원의 마당은 외부로 열리는 공간이 아니라 스승의 사상에 침잠하여 내면을 닦는 마음의 거울이기 때문이다.

필암서원에는 갑작스럽게 승하한 인종을 평생 가슴에 품고 초야에 묻혀 살며 청렴과 권도의 중용을 잃지 않았던 김인후 선생의 삶을 흠모했던 제자들의 결의가 담겨 있다. 유생들은 김인후 선생의 가르침을 실천하겠다는 결의를 마음속 깊이 다져 확연루에 올라 남쪽 판문을 열어 문필천으로 향하는 확연한 자연을 받아들였을 것이다. 그 순간 문필천의 자연은 유생들에게 김인후 선생의 생기로 나아왔을 것이다. 이것이 확연루의 2층 누마루 남쪽 판벽에 판문을 만들어 놓은 이유다. 필암서원은 세상의 문을 닫아 걸고서 김인후 선생의 정신으로 빠져드는 사상의 우물이었다.

최치원 선생의
무성서원 武城書院

산수풍경이 빼어난 곳에 자리한
일반적인 서원과 달리 무성서원은
민가 한가운데 위치한다.
통일신라 시대에 선정을 베푼 고운
최치원을 기리기 위해 백성들이 직접
무성서원을 세웠다.

통일신라 시대 선정을 베푼 최치원 선생을 모신 무성서원은 9곳 서원 중에서 유일하게 마을 가운데 앉아 있다. 무성서원은 다른 서원에 비해 그 규모가 조촐하다. 서원 부속시설을 갖추지 않은 것은 마을에서 기능을 빌려올 수 있었기 때문인 것으로 보인다. 무성서원은 마을 속에 위치하며 민중과 소통하는 공간이었다.

현실과 이상의 가교 고운 최치원

무성서원은 고운孤雲 최치원(857~?)을 모신 서원이다. 통일신라 정강왕 (재위 886~887) 때 태산(지금의 태인)군수로 부임한 최치원 선생의 치적에 감사하며 고을 백성들이 그를 생사당生祠堂(감사나 수령 따위의 선정을 찬양 하는 표시로 그가 살아 있을 때부터 백성들이 제사 지내는 사당)에 모신 것이 무성 서원의 시초다. 오늘날 무성서원의 사당인 태산사泰山祠에는 최치원 선생의 영정을 중심으로 16세기 태인 현감으로 선정을 배푼 신잠을 비 롯하여 지역의 향학당을 중심으로 활동한 선비들(정극인, 송세림, 정언충, 김약묵, 김관)이 추배되어 있다.

최치원 선생은 신라 유교를 대표하는 인물이지만 골품제의 최하위 에 속하는 6두품 출신이었다. 그는 857년 통일신라 시대에 전라도 옥 구에서 태어나 12세에 당나라로 유학간 후 18세의 나이에 진사가 되 어 현위의 벼슬을 지냈다. 최치원 선생이 868년 12세의 어린 나이로 당나라 유학길에 오를 때 아버지 견일은 "10년 동안에 과거에 합격하 지 못하면 내 아들이 아니다"라고 했다고 한다. 6두품으로서 성공하기 위해서는 공부밖에 없음을 강조한 것이다.

유학 7년 만인 874년, 18세의 나이에 신라인으로는 처음으로 빈공 과에 수석으로 합격했다. 이후 황소의 난이 일어나자 유명한 「토황소 격문討黃巢檄文」을 지어 황소를 치고 천하의 문장가로 이름을 떨치며 전중시어사를 제수받았다. 그는 28세가 되던 884년(헌강왕 10)에 당 희 종이 헌강왕(재위 875~886)에게 내리는 조서를 가지고 귀국했다. 헌강왕 은 최치원 선생 같은 신진 지식인을 등용하여 부패한 귀족 정치를 개 혁하고자 했다. 최치원 선생은 헌강왕의 총애를 받아 조정에서 당나라에 올리는 각종 문서를 맡아 작성하는 임무를 수행하며 개혁 정치에 앞장섰다.

그러나 귀족 세력의 견제와 헌강왕의 갑작스러운 죽음으로 최치원 선생의 꿈은 물거품이 되었다. 당시 신라 조정에는 이미 붕괴의 조짐이 나타나고 있었다. 지방 호족 세력이 등장하며 중앙 정부의 국고는 텅 비었고 재정은 궁핍해졌다. 최치원 선생은 상당한 의욕을 가지고 당나라에서 배운 경륜을 펴보려 했으나 끝내 진골 귀족 중심의 독점적인 신분체제의 한계를 극복하지 못했다. 최치원 선생은 결국 문란한 국정을 피해 스스로 외직外職으로 물러났다. 전라북도 태산군 군수로 부임한 것도 이 무렵이다. 헌강왕 다음으로 왕위에 오른 정강왕이 1년 만에 죽고, 다음으로 진성여왕(재위 887~897)이 즉위하며 정치적 혼란은 더욱 극심해졌다. 진성여왕이 다스린 지 3년째 되는 해인 889년에는 농민들이 사방에서 봉기해 전국적인 내란이 발발하기도 했다.

이러한 와중에도 894년 최치원 선생은 진성여왕에게 「시무 10조時務十餘條」를 올려 문란한 정치를 바로잡으려고 노력했다. 이는 10여 년 동안 중앙의 관직과 지방관직을 역임하며 진골 귀족 세력의 부패와 지방 세력의 반란 등 사회 모순을 직접 목격하고 써내려간 구체적인 개혁안이었다. 진성여왕 시기 최치원 선생은 6두품 신분으로서 오를 수 있는 최고의 관등인 오늘날 차관에 해당하는 아찬阿飡에 올랐으나 그의 정치 개혁은 실현될 수 없었다. 진골들의 방해로 개혁안은 다시 한 번 물거품이 되었다.

사회적 현실과 정치적 이상 사이에서 갈등하던 최치원 선생은 40여 세의 나이로 관직을 버리고 유랑하다 마침내 은거를 택했다. 합천 가야산에 들어가 그곳에서 생애를 마친 최치원 선생은 한국 유학사상 최초의 도통으로 불린다. 그는 지증, 낭혜, 진감 등 선종 승려들의 탑

비문인 『사산비명四山碑銘』을 쓴 것으로 유명하며 『계원필경桂苑筆耕』 등 20여 권의 책을 남겼다. 1020년(고려 현종 11)에는 문창文昌이라는 시호를 받았다.

끝내 정치적 이상을 다 펼치지 못했지만, 당시의 태산 사람들이 최치원 선생의 정신을 백세토록 전하고자 월연대(현재 무성리 성황산 서쪽 능선)에 생사당을 지어 모셨다는 데서 최치원 선생의 인품과 정치 능력을 짐작할 수 있다. 고려 말 폐지되었다고 전하는 최치원 선생의 생사당에 대한 상세한 내력은 전해지지 않는다. 다만 고려시대에는 지역마다 인물신이 지역신(성황신)으로 모셔졌는데 최치원 선생도 그런 사례 중 하나였을 것이라 추정할 뿐이다.

태산현감으로 봉직했을 당시의 최치원 선생의 손길이 피향정披香亭과 유상대流觴臺에 남아 있다. 보물 제289호로 지정된 피향정은 그가 풍월을 읊으며 거닐던 연못가에 세워진 것으로 호남 제일의 정자로 불린다. 피향은 향기가 무럭무럭 풍긴다는 의미로, 지금도 정자 앞 연못은 연꽃 향기로 가득하다. 점필재 김종직, 석천 임억령, 청음 김상헌, 문곡 김수항 등 많은 조선시대 저명인사들이 피향정에 관한 시를 남겼다. 정면 5칸, 측면 5칸의 누각으로 모두 30개의 기둥이 필요하지만 중앙의 2개는 세우지 않았다. 이는 우주의 28수(별자리)를 따른 것이다.

유상대는 최치원 선생이 검단대사와 더불어 시를 읊고 소요하던 곳으로, 시를 짓고 술을 마시며 담소하던 선비들의 놀이터였다. 신라의 포석정처럼 술잔을 띄워 흘려보내게 만든 굽은 물줄기인 유상곡수流觴曲水의 놀이터에 대를 만들어 유상대라 불렀다. 1682년(숙종 8) 현감 조상우가 돌로 쌓고 부제학 조지겸이 지은 유상대의 비문의 내용이 『한국의 서원문화유산 1』에 이렇게 쓰여 있다. "태인군은 문창후 최공이 옛날에 태수로 재직한 곳이다. 관아의 남쪽 7리쯤 되는 곳에 울퉁

무성서원 전경 민가 속에 위치한 무성서원은 다른 서원과 비교할 때 규모가 크지 않다.

불퉁한 바윗돌이 있고 그 바위 아래로 강물이 휘돌아 흐르는데 문창
후가 매번 여기에서 술잔을 띄우고 노래하며 '일소逸少(왕희지)의 고사'
를 흉내 냈다고 '부노父老(나이 많은 어르신)'들이 전한다."

이곳에서 최치원 선생은 흐르는 물에 술잔을 띄워놓고 시를 지으며
정치적 시련을 잊으려 했다. 1784년(정조 8) 지리산 쌍계사에서 최치원
선생의 영정을 무성서원으로 봉안해 올 때 유상대에 잠시 머물렀다고
전해진다. 이후 점차 퇴락하여 건물의 유지만 남았던 것을 1919년 태
인유림들이 그 유서를 기려 감운정感雲亭을 세웠다.

현실 속에 위치한 무성서원

전라북도를 대표하는 서원인 무성서원은 통일신라 말기의 유학자 최치원 선생을 제향하기 위해 고려시대에 건립한 태산사에 뿌리를 둔다. 태산사는 오늘날의 무성리 성황산 서쪽 능선 월연대에 있었다는 최치원 선생의 생사당에서 유래한다고 『한국의 서원문화』가 전한다. 고려시대에 폐지된 태산사를 1484년 정극인이 창설한 향학당鄕學堂 자리로 이건한 것이 오늘날 무성서원의 출발이었다.

무성서원 이름의 유래는 신라 시대 태인의 지명임과 동시에 공자의 제자 자유가 다스렸던 중국 산동성의 읍치 무성으로 거슬러 오른다. 『한국의 서원유산 1』은 다음과 같이 『논어』「양화陽貨」편의 고사를 소개하고 있다.

> 자유가 노나라 무성의 현감이 되었는데, 한 날은 선생께서 빙그레 웃으시며, "닭을 잡는데 어찌 소 잡는 칼을 쓰는가"라고 말씀하셨다. (이에 무성의 수령으로 있는) 자유가 대답했다. "예전에 선생님께서 군자가 예악을 배우면 사람을 사랑하고 백성이 예악을 배우면 부리기 쉽다고 말씀하셨습니다." 공자가 말했다. "그대들이여 자유의 말이 옳다. 앞에서 한 말은 농담이었다."

무성은 거칠고 무도한 사람들이 모여 사는 곳이었지만, 자유가 부임해 예악으로써 백성들을 잘 다스리자 다툼의 소리는 사라지고 아름다운 현악기의 음악이 흘러나오게 되었다. 공자가 고을을 찾아가니 마침 현가가 들려와 이에 대해 묻자 자유가 현명하게 대답했다는 이야기다.

사당의 이름과 옛 고을 이름이 태산임에도 불구하고 무성이라 사액한 것, 문루의 이름을 현가루絃歌樓로 지은 것은 모두 이러한 현가지성絃歌之聲의 고사를 실현하라는 뜻에서였다.

최치원 선생은 통일신라 인물이지만 우리나라 최초의 유학자로 불린다. 따라서 많은 선비들이 무성서원을 찾았고, 앞다투어 최치원 선생의 행적을 기리는 글을 남겼다. 그들은 최치원 선생의 영정을 봉안하고 그의 시문집 『계원필경집桂苑筆耕集』을 보관하는 것을 자랑스럽게 여겼다.

최치원 선생의 시문집 『계원필경집』이 무성서원에 소장되는 과정이 서유구가 지은 『계원필경집』 서문에 적혀 있다. 서유구는 1834년 호남 관찰사로 재직하던 중 무성서원을 방문했다. 그때 홍석주의 집에 소장하고 있던 『계원필경집』 구본을 보고는 이를 교정하여 전주에서 다시 간행했다고 한다.

무성서원은 유네스코 세계 문화유산 목록에 등재 신청한 9곳 서원 가운데 유일하게 마을 속에 자리하고 있다. 단청이 희끗희끗 벗겨진 기둥 위로 처마를 허술하게 펼친 누각이 호박돌로 쌓아올린 담장을 두르고 마을 중앙에 우뚝하다.

붉은 단청 옷을 입은 외삼문이 누각의 다리 사이로 안기고, 외삼문 좌우 담장 앞으로 이곳을 거친 현감들의 선정비와 무성서원 관련 비석들이 가지런하다. 외삼문 바로 오른쪽의 화강석은 1882년 세워진 것으로 흥선대원군의 형이자 영의정을 지낸 이최응의 불망비不忘碑(후세 사람들이 잊지 않도록 역사적 사실을 적어 세운 비석)다. 서원 담장 오른쪽 공터에 진사최영대영세불망비각이, 그 뒤로 진감역정문술중수의조비각이 자유로운 배치로 서 있다. 그 동쪽에 나란히 병오창의기적비가 비각 없이 홀로 서 있고, 그 뒤로 동재인 강수재講修齋가 홀로 남향으로 앉

무성서원 비석

외삼문 오른쪽으로 비석이 나란하다. 강수재 앞의 병오창의기적비는 항일 의병 운동을 기념한다.

채용신, 〈칠광도〉 1910년, 견본 채색, 127.7×83.4

아 있다.

조선시대에 무성서원을 그린 채용신 화백의 〈칠광도七狂圖〉에 당시의 서원 모습이 생생하게 그려져 있다. 밤송이 초가들이 올망졸망 무성서원의 기와지붕을 둘러싼다. 그림에 나타난 무성서원은 남북축에 맞추어 설치된 홍살문 뒤로 문루와 강당과 사당이 담장 속에 갇혀 있고 동쪽으로 강수재인 듯한 건물 하나만 보이는 모습이다. 오늘날 서쪽 비각과 비각을 둘러싼 담장은 보이지 않는다.

비각은 민가 사이에 위치하며 초기부터 백성의 교화에 주력했던 무성서원의 성격을 잘 보여준다. 한말 병오년 항일 의병 활동의 중심인물이었던 최익현과 임병찬이 거점으로 삼았던 곳이 바로 무성서원이다. 강수재 앞에 있는 병오창의기적비 또한 바로 이때의 항일 의병 운동을 기념한 것이다.

무성서원이 다른 서원과 확연히 다른 점은 전통적인 강학 기능의 기반 위에 현실 참여 정신을 담고 있다는 점이다. 최치원 선생의 선정을 기리는 무성서원은 공자의 현실 참여 사상을 반영해 지어졌고, 이는 자연스럽게 구한말의 의병 활동으로 이어졌다.

민가에 둘러싸여 아늑한 무성서원

유식공간
1 홍살문
2 현가루
3 진사화령대 영세불망비
4 전남교정문숭중수의 조비
5 병오창의기적비

강학공간
6 무성서원원임정비1.
  창건여연방록비
7 무성서원원정비2.
8 명륜당
9 강수재

제향공간
10 내삼문
11 태산사
12 망례위

기타시설
13 비각
14 고직사

무성서원

어눌하게 줄지어 서 있는 무성서원의 배치

무성서원의 누각과 강학, 제향 공간은 직선축을 따라 배치되어 있다. 전학후묘의 배치에 따라 태산사가 서원 영역에서 제일 높은 자리에 있지만 그리 높지 않고, 누각과 강당은 동일한 지면에 앉아 있다.

누각과 강당, 사당이 일직선으로 배치되어 있지만 공간 사이의 긴장감은 떨어진다. 강당은 동재와 서재를 거느리지 않고 홀로 서원 중앙에 서 있다. 평지 배치의 답답함을 조절하기 위해 누각과 강당, 사당을 잇는 마당을 호젓하게 비워 놓았지만 건물이 둘러싸지 않아 휑한 느낌이다. 필암서원과 같이 누각과 강당, 사당을 하나의 축으로 얽어맨 공간 질서를 무성서원에서는 읽을 수 없다.

무성서원은 초기 강당과 사당만으로 서원의 형식을 갖추었다. 마을 속에 위치하였기에 주변 민가를 부속 건물로 이용했던 것으로 보인다. 1887년에 이르러 담장 밖의 동쪽에 강수재를 짓고 1891년에야 서원의 문루인 현가루를 지었다. 서재 없이 강수재 홀로 담장 밖에 떨어져 남향으로 앉아 있고 서책과 목판을 보관하는 장판각도 보이지 않는다. 태산선비문화원도 무성서원 동쪽으로 훌쩍 떨어져 있다. 지금은 현가루가 서원의 대문으로 서 있지만 당시의 유생들은 강수재와 통하는 동쪽 담장의 쪽문으로 다녔다고 한다.

무성서원 배치의 실질적인 중심은 최치원 선생이 모셔져 있는 태산사지만 공간적으로 강학 공간은 사당을 우러러 모시고 있지 않다. 시간이 흐르며 비각들을 증축했지만, 무성서원의 허전함을 채우기에는 여전히 힘에 부치는 모습이다.

무성서원 배치 현가루와 명륜당, 태산사가 일직선으로 배치되어 있다.

강수재 무성서원에서 강수재는 서재 없이 홀로 담장 바깥에 떨어져 있다.

백성의 삶을 바라보는 현가루

서원의 얼굴이자 대문인 현가루는 정면 3칸, 측면 2칸에 2층으로 된 팔작지붕 건물로, 담장선에 맞추어 외삼문을 달았다. 현가루의 풍모는 다른 서원에 비해 작고 소박하다. 담장을 전면에 두르고 강당 쪽으로 돌출하여 대문을 걸어 잠갔지만 그 자태는 허술하고 초록 계자 난간 장식 또한 볼수록 엉성한 느낌이다.

기둥 또한 마을 정자처럼 허술하고 누각을 올라탄 처마 장식도 소박하다. 강수재와 고직사를 모두 품에 안지 못한 아쉬움이 담겨 있는 듯하다. 그 허전함을 달래려는 듯 누각 좌우로 비석을 가지런히 둘렀지만 현가루의 호방함을 받쳐주기엔 부족하다.

현가루 앞에서 담장을 쳐다보면 우측과 좌측 담장의 장식 디테일이 다르다. 이는 왼쪽의 비각을 두른 담장은 초기 현가루 담장과 별도로 증축되었음을 보여준다. 〈칠광도〉에서도 왼쪽 담장은 보이지 않는다.

2층 처마 밑에 현가루의 현판이 걸려 있다. 현가루는 『논어』 「양화」 편에 나오는 현가지성 고사에서 유래한 명칭이다. 공자의 제자 자유가 무성마을을 예악으로써 잘 다스려 거문고 타는 소리(현가)가 들려왔다는 고사에서 따온 것으로, 백성을 예악으로 다스려야 한다는 공자의 교화 사상을 따르고 있다.

2층 누각에 오르는 계단은 뒷모서리에 배치되어 있다. 이는 공간의 효율을 높이기 위함이다. 삐걱거리는 계단을 올라 2층 누각에 오르니 누각의 보는 머리가 닿을 정도로 낮고 난간 또한 허술하다. 소박한 천장에서 길게 뻗어 내린 서까래의 선형이 어설프게 마을 지붕 위로 날아오른다. 처마선 아래로 명륜당을 굽어보는 순간 대청마루의 품에 태

현가루

현가루는 자연보다는 백성과 소통하기 위한 공간이다.

산사가 그림처럼 안겨 있다. 현가루와 명륜당, 태산사가 하나의 마음으로 입을 모아 현가를 합창하는 듯하다.

반대편을 돌아보니 기둥과 낮은 보와 처마 사이로 마을 경관이 안긴다. 현가루는 외부 자연과 교감하는 천인합일의 공간이라기보다 거문고를 연주하며 시작詩作을 읊는 정자에 가깝다는 생각이 든다. 현가루는 멀리 있는 자연을 조망하기보다 백성에게 다가가 그들을 기쁘게 하는 공간이었다. 거친 세월에 빛바랜 단청 누각은 사방으로 열린 예악의 나룻배와도 같다. 현가루는 들판으로 열린 관념상의 이상이 아닌 백성들의 삶으로 흐르는 현가 그 자체였다.

가슴을 비워 태산사를 품은 명륜당

무성서원의 강당인 명륜당은 정면 5칸 측면 2칸으로 된 팔작지붕 건물이다. 처마 아래에 명륜당 대신 무성서원이라는 사액 현판이 걸려 있다. 명륜당은 『맹자孟子』의 「등문공편滕文公篇」에서 따온 것으로, 인간사회의 윤리를 밝힌다는 뜻이다. 명륜당이란 원래 성균관이나 지방의 향교에 설치된 강당의 이름이다. 아홉 곳 서원 중 소수서원과 무성서원만 강당 이름이 명륜당이다. 이는 무성서원과 소수서원의 배치와 건축 공간에 제향자의 사상이 깊이 스며들지 않았음을 의미한다.

기둥마다 세로로 길게 현판을 붙여놓은 것도 일반적인 서원과 다른 풍경이다. 2단의 막돌로 쌓아올린 기단 위에 소박하게 서 있는 명륜당은 가운데 3칸의 대청마루를 두고 양측면에 온돌방을 두었다. 온돌방

명륜당 기둥마다 세로로 길게 붙여진 현판이 독특하다.

은 대청보다 한 자 높여 남측에 쪽마루를 둘렀는데, 이는 마루 아래
아궁이를 두기 위함이었다.

명륜당은 배경으로서의 집, 당당하게 막아서는 집, 선비의 기상으로
마당을 품고 있는 그런 집이 아니다. 다른 서원에 비해 강당 규모도 작
고 배치도 허술하며 당호도 없다. 최치원 선생의 사상이 무성서원 곳
곳에 스며들지 못한 결과다. 누각 뒤로 동·서재와 강당이 마당을 둘러
싸며 제향자의 사상을 담아내는 것이 한국 서원의 일반적인 배치다.
하지만 1828년 중건한 명륜당은 동·서재를 거느리지 않고 홀로 서서
뒷벽을 훤히 틔워놓았다.

명륜당 내부 대청마루 남쪽 끝에 문을 설치한 흔적이 홈으로 남아 있다.

대청마루 3칸을 이리저리 뜯어보니 남쪽 마루 끝에 각재가 살짝 돋아 있다. 원기둥의 아래위에도 문을 설치한 흔적이 홈으로 남아 있다. 이는 무성서원 또한 필암서원처럼 강당의 남쪽 벽을 판벽으로 막았었다는 증거다. 서원 관리인의 설명에 의하면 강당이 소실되고 다시 짓는 과정에서 남쪽 벽과 북쪽 벽(뒷벽)이 바뀌었다고 한다. 원래 뒷벽이 막혀 있었으나 사당이 폐쇄적으로 보여 다시 짓는 과정에서 개방한 것이다. 하지만 이에 대해 어떠한 기록도 남아 있지 않다.

단청 옷도 입지 않고 세월의 풍파에 나뭇결이 틀어지고 벌어진 채 앉아 있는 명륜당이 간직하고 있을 비밀이 궁금해진다. 기둥과 대청마루 바닥에 남은 흔적을 볼 때 남쪽에 벽이 달렸던 것만은 분명하다. 그 진실은 알 수 없지만 오늘날 명륜당은 공간적으로는 남향이지만 판벽을 벗어버리고 북쪽으로 뚫려 정신적으로는 사당을 섬기고 있다.

현가루와 명륜당 사이 좌우측 담장이 대칭적으로 열려 있다. 왼쪽으로 최치원 선생의 지팡이가 단풍나무가 되었다는 설화가 서린 단풍나무가 서 있고, 그 뒤로 강수재로 나가는 쪽문이 나 있다. 오른쪽으로 150년은 족히 넘었을 향나무와 은행나무 사이에 비각으로 나가는 담장이 뚫려 있다.

마당에는 두 줄의 황토 가루가 외삼문의 가운데 문기둥 폭에 맞추어 가지런히 명륜당으로 달려간다. 향사를 지낼 때 제향자의 혼과 음식을 실은 가좌가 통과했던 황토 줄에 눈에 보이지 않는 사상이 숨어 있다. 황토 줄은 현가루 밖에서부터 뿌려져 있다. 이는 어눌한 무성서원의 빈 공간을 마을 사람들이 십시일반 채워주었다는 뜻이다. 이것이 배치공간에서는 잘 드러나지 않는 무성서원만의 독특한 풍경으로 남은 것이다.

두 줄의 황토 가루 길은 명륜당에서 잠시 끊어지다가 명륜당 뒤에서 다시 시작되어 태산사로 이어진다. 이때 향사 음식을 실은 가좌는 대청마루 위를 곧바로 지나 직선의 황토 줄을 따라서 태산사로 향했다고 한다. 평소에는 보이지 않는 황토 줄이 허술한 배치의 무성서원에서 가장 강력한 축이었던 것 같다.

명륜당에서 바라본 현가루와 태산사

현가루에서 명륜당, 태산사로 이어지는 황토 줄이 무성서원에서 가장 강력한 축을 형성한다.

선정을 향한 의지의 표현 태산사

명륜당 뒤로 넓은 마당을 지나 6단의 계단 위에 내삼문이 올라타 있다. 그럼에도 우러러 모시는 분위기는 느껴지지 않는다. 신의 출입문인 중문은 솟을대문으로 들어 올리고 좌우 사람이 다니는 문은 낮게 세웠다. 건축적으로 무성서원에서 가장 공을 많이 들인 부분이다. 내삼문 좌우 담장 앞으로는 석축을 쌓아 화계를 둘렀다. 화계를 두른 사당 담장은 무성서원에서 제일 아름다운 곳이다.

소박한 계단을 올라 태극 문양의 내삼문을 지나면 외벌대 기단 위에 정면 3칸, 측면 3칸에 맞배지붕을 눌러 쓴 태산사가 서 있다. 내삼문에서 보였던 태극 문양이 태산사 문짝에도 선명하다. 자연석으로 초석을 놓고 원기둥 위에 초익공 공포를 달았지만 소박한 느낌이다.

사당 내부로 들어서자 북쪽 주벽 중앙에 최치원 선생의 영정이 걸려 있다. 『한국의 서원문화유산 1』에 최치원 선생의 영정을 모신 과정이 적혀 있다. 1783년 낙안과 흥양향교의 유생들이 무성서원에 통문을 보내어 쌍계사에 봉안된 최치원 선생의 영정을 무성서원으로 옮길 것을 요구했다. 당시에 기록된 영정 봉안 과정에 따르면 사당을 중수한 뒤 이듬해 쌍계사로부터 영정을 옮겨와 1784년 지금의 자리에 최치원 선생의 영정을 봉안했다고 한다. 지리산 쌍계사에서 최치원 선생의 영정을 봉안해 올 때 그가 시작을 읊으며 유상곡수를 즐겼던 유상대에 잠시 머물렀다고 전해진다.

하지만 1831년 태인현감 서호순이 훼손을 염려하여 영정을 모사했고, 이때 모사된 영정은 1968년 무성서원이 사적史蹟으로 지정되며 국립중앙박물관으로 이관되었다. 1923년 채용신 화백에 의하여 다시 모

│ 내삼문 무성서원에서 건축적으로 가장 공을 많이 들인 부분이지만 우러러 모신다는 느낌은 주지 않는다.

사된 영정은 정읍시립박물관에 소장되어 있다. 오늘날 무성서원에 모셔진 영정은 모작이다.

　의자 위에 가부좌를 틀고 앉은 모습은 낯설지만, 그럼에도 영정 속 인자한 얼굴은 최치원 선생의 풍류를 느끼기에 부족함이 없다. 최치원 선생의 영정을 중심으로 하여 여섯 분의 신위가 놓여 있다. 최치원 선생을 지역 유지들이 둘러싸고 있는 듯하다. 통일신라에 선정을 베푼 인물의 정신을 받들어 향촌을 살기 좋은 고장으로 만들어 나가겠다는 의지가 엿보인다.

태산사 내부

태산사는 최치원 선생을 비롯하여 민중의 지지를 받았던 이들을 모시고 있다.

태산사에 모셔진 최치원 선생과 신잠은 백성이 직접 천거한, 민중의 지지를 받았던 지방관이었다. 민중과 함께하려 했던 이들을 모신 태산사는 위엄이 느껴지기보다는 소박하고 받들어 모신다기보다는 선정에 대한 의지와 바람이 느껴지는 공간이다.

마을과 소통하는 현실 참여의 공간

무성서원은 허술한 배치구조가 아쉬운 공간이다. 다른 서원과 같이 유식과 강학, 사당 영역이 긴밀하게 연결되어 자아내는 공간 구성의 긴장을 느낄 수 없다. 아무도 지켜보지 않는 들판에 현가루와 명륜당과 태산사가 어눌하게 줄지어 서 있다. 명륜당이 홀로 마당을 지키기 허전하여 자신의 몸을 비워 누각과 사당을 품었으나 배치와 공간의 기능은 여전히 허술하다. 서쪽에는 담장을 두른 텅 빈 공간에 두 기의 비각만이 외롭게 서 있다. 동쪽 담장 밖으로 강수재가 홀로 떨어져 데면데면하다.

그때 눈길을 사로잡는 것이 황토 줄이다. 황토 줄은 마을에서부터 시작되어 현가루와 명륜당을 지나 태산사로 이어진다. 향사에 쓸 음식을 들것에 싣고 걸어갈 때에야 비로소 황토 줄의 기능이 드러난다. 현가루의 1층 중문으로 들어가 명성당 대청마루를 관통하여 내삼문을 지나 태산사로 들어갈 때, 무성서원 배치의 축이 비로소 완성된다.

현가루 누각에 서서 주변을 살펴보면 온통 마을의 지붕들뿐이다. 눈을 돌려 서원 쪽을 쳐다보면 명륜당의 열린 품에 태산사가 안긴 모

무성서원의 겨울 풍경 낮은 담장으로 둘러싸인 무성서원은 민가 속에서 백성과 교감하는 공간이었다.

습이다. 무성서원과 도산서원은 전체적인 설계가 닮아 있다. 도산서원의 강학과 사당 공간이 모두 사당 영역에 속한다고 가정하면 건물과 담장으로 비밀스럽게 둘러싸인 구조가 이해되었다. 이와 같이 무성서원 또한 마을 전체의 배치에서 보면 담장 너머의 현가루와 명륜당, 태산사가 모두 사당 영역으로 보인다.

오랜 세월을 버티고 견뎌낸 건축 공간 속에는 눈에 보이지 않는 이야기가 숨어 있다. 무성서원을 마을 속의 사당 영역으로 보면 허술한 건물 배치가 조금 다른 느낌으로 다가온다. 강수재가 담장 밖에 홀로 떨어져 있는 것도 이해할 수 있다. 무성서원은 마을의 사당에 학교를

설치한 것에 가깝다고 봐야 할 것이다. 서원이 일반적으로 깊은 산속에 위치한 것과 달리 무성서원은 마을에 둘러싸여 많은 기능을 마을에서 보충할 수 있었다.

명륜당 대청마루의 뒷벽을 헌 것은 제향자의 혼이 지나가는 통로를 내어 제향자의 사상이 민심에 가닿기 위함으로 해석되었다. 무성서원은 학문이 높은 선비가 선정을 베푼 지방관을 모시고 동네 사랑방에 기거하듯 마을 중심에 앉아 있다. 무성서원이 허술하지만 친근하게 다가오는 이유는 서원과 마을이 공간적으로 소통하기 때문이다.

김장생 선생의
돈암서원 遯巖書院

평지에 나즈막하게 선 돈암서원은
우리나라 예학의 종장
사계 김장생을 모신 서원이다.
그 모습이 마치 호수 위에
배가 떠 있는 듯 아늑하다.

돈암서원은 9곳 서원 중 3대가 공존
하는 유일한 서원이다. 넓은 대지에
듬성듬성 건물이 서 있어서 전체적
으로 긴장감을 자아내지는 못한다.
그럼에도 서원 경내를 돌아다니다보
면 그 편안함에 빠지고 만다. 응도당
은 홀로 떨어져 있지만 서원의 으뜸
건물로서 웅장함을 잃지 않고 양성
당은 소박하지만 낭만을 잃지 않는
다. 양성당의 양여닫이문을 포개어
처마에 거는 순간 마음이 한지 창문
너머 처마를 타고 멀리 계룡산 자락
으로 날아간다.

예학의 실천적 선구자 **사계 김장생**

돈암서원은 조선시대 예학의 종장으로 널리 알려진 사계沙溪 김장생 (1548~1631)을 모신 서원이다. 김장생 선생은 사화와 반란, 잦은 전쟁으로 조선의 지배체제가 크게 흔들렸던 16, 17세기에 예학으로 나라를 바로잡으려 했다.

김장생 선생은 대사헌을 지낸 황강 김계휘와 우참찬을 지낸 신영의 딸 평산 신씨 사이에 장남으로 태어났다. 그는 할아버지 김호와 아버지 김계휘의 영향을 받으며 성장했다. 김계휘는 연산에 건립한 정회당 靜會堂에서 유년기의 김장생 선생을 교육시켰으며 관직 생활 중 인연을 맺은 송익필과 이이에게도 아들의 교육을 부탁했다. 김장생 선생은 13세부터 송익필로부터 사서와 『근사록近思錄』을 배우며 예학에 눈을 떴으며 20세 무렵에는 이이의 문하에서 수학했다.

1578년 이조판서 이후백의 천거로 31살에 창릉 참봉이 되었으며 1581년에는 아버지를 따라 명나라에 다녀왔다. 이듬해 4월 아버지가 돌아가시자 3년 상을 치르고 나서 다시 관직에 나갔지만 1586년 이발 등이 스승 이이와 성혼 등을 모함하자 벼슬을 그만두고 낙향했다.

김장생 선생이 낙향한 이후 사회 혼란은 더욱 극심해졌다. 정여립의 모반사건과 기축옥사己丑獄事(조선 선조 때인 1589년에 정여립을 비롯한 동인들이 모반의 혐의로 박해를 받은 사건)로 동인과 서인의 갈등이 깊어졌다. 특히 7년에 걸친 임진왜란과 정유재란은 조선사회의 모든 것을 바꾸어놓았다. 김장생 선생은 1597년 정유재란이 일어나자 군량을 모으라는 선조의 명을 받고 정계에 복귀해 군자감 첨정으로 활약하였다. 한편으로 그는 전란의 와중에서도 저술을 멈추지 않았다. 이이의 행장을 쓰고,

1598년에는 『근사록석의近思錄釋疑』를 지었으며 다음해에는 『가례집람家禮輯覽』을 완성했다.

　김장생 선생의 강학 전통은 부친 황강 김계휘로부터 계승되었다. 정유재란 직후인 1601년 영의정 이항복의 천거로 관직에 나간 김장생 선생은 이듬해 정인홍을 중심으로 한 북인이 집권하자 다시 낙향했다. 낙향 이후 그는 돈암서원에서 북서쪽으로 약 1.7킬로미터 떨어진 옛 아한정雅閑亭 터에 서당을 짓고 양성養性이라는 현판을 달아 30여 년간 머무르며 학문 연구와 후학 양성에 매진했다. 저술과 교육 활동이 활발했던 이 시기 그의 문하에는 송시열, 송준길, 이유태와 같은 걸출한 문인들이 즐비했다. 김장생 선생은 「양성당기養性堂記」에서 연산천변의 숲속에 자리 잡은 양성당과 주변 경관을 다음과 같이 묘사하였다.

　뒤에는 작은 산이 둘러 있고 산 아래에는 소나무와 대나무가 있으며, 앞에는 길게 뻗쳐 있는 숲이 있고 숲 밖에는 맑은 시내가 흐른다. 하얀 모래가 맑고 아름다우며, 시냇물은 배가 떠다닐 정도로 깊다. (중략)

　그는 더 이상 성리학의 이념만으로는 사회 혼란에 대처할 수 없다고 판단했다. 가치관과 윤리의식이 무너져 사회 기강이 허물어지고 각종 범죄가 확산됐다. 이에 그는 기본적인 인간의 덕목을 처음부터 재정립해야 한다고 생각했다. 그가 제시한 수습책이 바로 예학이었다.

　김장생 선생은 예를 인간과 금수를 구별하는 기본적인 차이라고 보았다. 예를 실천하기 위해 개인의 수신을 강조했으며 심성의 온전함을 지켜 예에 맞게 행동할 것을 촉구했다. 예를 실천함에 있어 왕과 사대부, 일반 백성의 구분이 없다고 생각한 그는 주희의 가례를 우리나라의 현실에 맞게 쉽게 고쳐 널리 보급했다.

예학의 대가였던 김장생 선생의 학문 사상과 정치 철학은 지도자의 이념으로 부각되었다. 조정에서도 예학으로 무장한 사림들을 중용하기 시작했다. 16세기 중반 서울을 중심으로 조광조, 이이, 성혼 등에 의해 기호학파가 형성되었다. 이는 다음 세대인 김장생 선생과 김집 부자를 중심으로 연산과 충청도 일대에서 새로운 학풍으로 번성했고, 이러한 호서 지역의 학통은 조광조와 이이로 이어졌다.

김장생 선생은 조정의 잦은 부름에도 나가지 않거나 필요한 일만 수행한 후에는 곧바로 낙향하여 학문 저술과 강학에 몰두했지만 국가적 위기에는 몸을 돌보지 않고 적극적으로 나섰다. 특히 인조가 즉위한 후에는 서인의 정신적 영수로서 그의 영향력이 더욱 커졌다. 그는 인조반정의 공신인 이귀와 함께 서인 중심의 정국이 안착되는 데 결정적인 역할을 했다. 그가 77세 되던 1624년 인조가 이괄의 난을 피해 공주로 피난 오자 납세의 가혹함과 민심을 직언하며 국가의 씀씀이를 줄일 것을 간언했다. 이후 좌의정 윤방, 이조판서 이정구의 추천으로 공조참의에 제수되어 원자의 강학을 맡는 한편 왕의 시강과 경연에 참여했다. 1625년에는 동지중추부사를 임명받았으나 곧바로 사직하고 1626년 스승 이이와 성혼을 제향하는 황산서원黃山書院 건립에 전념했다.

1627년 정묘호란이 일어나자 인조는 김장생 선생에게 교지를 내려 충청과 전라도의 의병과 식량을 모으는 양호소사에 임명했다. 당시 그는 80세의 노령에도 불구하고 이를 피하지 않았다. 의병 참여를 독려하고 식량을 조달하는 것은 학문과 사상이 두터우며 향촌사회에서 두루 명망을 갖춘 인물이 아니고서는 수행하기 어려운 일이었다. 김장생 선생은 송흥주를 부사로 삼고 윤전을 종사관으로 하여 의병과 군량, 병기 등을 모았다. 당시 호서, 호남 문인들이 대거 김장생 선생을 도왔다. 이러한 공을 인정받아 전란이 끝난 수 형조참판에 임명되었지만 그는 정중하게 사양했다.

양성당에서 머무르는 30여 년 동안 김장생 선생은 각지의 유생들과 강론하고 교류했다. 그는 양성당에 여러 사람들에게 구한 시를 걸어두고 정엽, 조익, 신흠, 김상헌, 이정구, 장유, 최명룡 등과 시작을 나누며 우의를 다졌다. 이들은 대체로 서인의 중진들로서 김장생 선생과 동문 수학하거나 사이가 가까운 문인들이었다. 그가 세운 양성당은 지역 문인들의 산실이자 중앙정계에 진출할 수 있는 정치사상적 기반이 되어 주었다. 돈암서원은 양성당의 학통에서 이어져 내려오는 것으로, 김장생 선생의 광범위한 활동력을 기반으로 하여 그의 학문과 사상을 추종하는 후학들이 김장생 선생을 추모하여 세운 서원이다.

3대가 공존하는 돈암서원

고정산 줄기가 동쪽으로 뻗어 내려오는 낮은 산줄기에 김장생 선생의 돈암서원이 앉아 있다. 돈암서원은 낮은 구릉에 기대어 멀리 연산평야를 바라보는 모습이다. 넓은 평야에 위치한 덕분에 멀리 계룡산이 구름 아래 걸린다. 돈암서원의 원래 자리는 지금의 위치보다 서북쪽으로 약 1.7킬로미터 떨어진 하임리 숲말이었으나 저지대라서 수해를 피하기 위해 1880년에 지금 위치로 이전했다. 서원이 처음 입지한 숲말 산기슭의 큰 바위를 돈암이라 불렀는데 1658년 효종의 사액을 받으며 바위의 이름이 서원의 이름이 되었다.

돈암서원 전경

돈암서원은 평지에 건물을 여유롭게 배치했다.

돈은 원래 둔遯자로 세상을 피해 숨어 산다는 은둔 혹은 둔세를 의미한다. 김장생 선생은 젊어서는 과거에 응하지 않았고, 인조반정 이후에는 국왕의 부름도 사양하고 이곳에 은둔했다. 그는 이곳에서 송시열, 송준길, 윤선거와 아들 김집 등 수많은 당대 거유巨儒를 길러냈다. 학문과 후진 양성에 몰두하여 산림으로 살다간 김장생 선생의 일생이 돈암이란 이름에 담겨 있다.

1631년 김장생 선생이 84세를 일기로 양성당에서 세상을 떠나자 그의 학덕을 기리는 제자들이 모여 서원 건립을 추진했다. 이듬해 김집을 중심으로 당시 천안군수, 노성현감을 포함하여 전직 관료였던 송준길, 송시열, 이유태 등이 모여 서원 건립을 발의했다. 송준길이 작성한 통문이 『한국의 서원문화유산 1』에 다음과 같이 적혀 있다.

우리들이 선생과 같은 세상에 태어난 것만도 얼마나 다행인가. 또 같은 고장에 함께 살면서 명성을 듣고 기뻐하고, 덕을 보고는 심취한 지가 모두 몇 년이었던가. (중략)

돈암서원은 유네스코 세계 문화유산 목록에 등재 신청한 9곳 서원 중에서 할아버지, 아버지, 손자 대의 건물이 한 공간에 있는 유일한 서원이다. 김계휘가 지은 정회당과 김장생 선생이 지은 양성당, 김장생 선생의 후손들이 지은 응도당이 한 공간에 자리하고 있다.

원래 자리에 있던 서원을 현재 위치로 이전하며 건물 배치는 옛 돈암서원과 달라졌다. 서원 정비 사업 때 외삼문에서 강당과 사당으로 이어지는 축을 중심에 두고 동·서재를 좌우 대칭으로 새로 지어 배치했다. 더불어 문루를 세워 산앙루山仰樓 현판을 달았다. 긴 세월에 걸쳐 원래 자리에서 지금의 자리로 이건되며 돈암서원은 어제의 건물과 오늘의 건물이 조화를 이루었다.

초기에 사당과 내삼문을 포함한 사당 영역과 양성당을 우선 이건하여 향사를 지냈다. 양성당은 원래 부속 건물이고 강당은 응도당이었으나 규모가 크고 이건 비용이 많이 들어 할 수 없이 양성당을 지금의 강당 자리에 앉히고 응도당 현판을 걸어두었다. 사당만 원래 재목을 옮겨 쓰고 나머지는 바꾸고 고쳐 지었다.

오늘날 돈암서원에 들어서면 공간 배치가 자아내는 긴장은 느낄 수 없다. 역사와 전통을 간직한 정회당과 응도당은 중심축에서 훌쩍 서쪽으로 벗어나 있다. 전학후묘의 배치를 따르지만 축을 따라 홀연히 다가오는 생기까지는 담아내지 못한 모습이다.

그러나 시류에 따라 적절히 조정하고 손을 본 시중의 건축이 오늘날 돈암서원의 멋이다. 초기 입덕문入德門을 밀어내고 그 자리에 동재 거경재居敬齋와 서재 정의재精義齋 를 세웠다. 입덕문이 현재의 위치로 물러나면서 서원 건물이 시대를 달리하며 빈 공간을 채워나갔다.

홀로 우뚝 서 있는 산앙루

2006년 건립된 산앙루가 방형의 담장 중앙에 우뚝하다. 1층 공간은 기둥으로 열려 있다. 산앙루가 중앙에 우뚝 서서 입덕문 방향으로 진입축을 세우고 있다. 돈암서원의 형식적인 대문은 산앙루지만 실질적인 대문은 초기 서원의 대문인 입덕문에 넘겨주었다. 입덕문으로 향하는 진입로에 있던 두 기의 비석은 입덕문 오른쪽 담장 앞에 가지런히 다

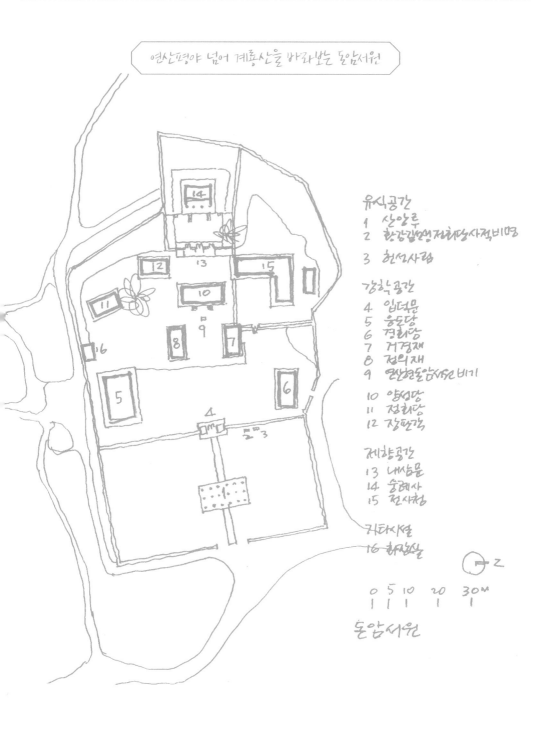

연산평야 넘어 계룡산을 바라보는 돈암서원

유식공간
1 산앙루
2 한강김영성정회당사적비명
3 현성사림

강학공간
4 입덕문
5 응도당
6 정회당
7 거경재
8 정의재
9 연천돈암서원 비기

10 양성당
11 정회당
12 장판각

제향공간
13 내삼문
14 숭례사
15 전사청

기타시설
16 화장실

0 5 10 20 30M

돈암서원

시 세웠다.

산앙루는 전면 5칸, 측면 3칸의 오량가 맞배지붕 건물이다. 2층 누각을 받치는 1층 기둥은 잘 다듬은 화강석으로 되어 있다. 외곽으로 14개의 돌기둥을 세우고 가운데 4개는 나무기둥으로 받쳤다. 2층 누각은 계자난간을 두르고 단청으로 장식했다. 누각으로 오르는 계단조차 서북 모서리 내부에 설치하여 깔끔한 느낌을 준다.

산앙루는 1880년 이건 당시 건설하려 했으나 그 뜻을 이루지 못하다가 2006년에야 건설할 수 있었다. 누각은 강학 공간과 하나의 얼개로 엮여있는 것이 일반적이지만 산앙루는 강학 공간과 입덕문을 사이에 두고 서로 데면데면한 모습이다. 산앙루에 올라 강학 공간을 바라보면 서원 건물들이 낮은 산자락에 안겨 있고, 들판을 바라보면 멀리 계룡산 봉우리들이 기어간다.

산앙루 산앙루는 돈암서원의 형식적인 대문이며, 실직적인 대문의 역할은 입덕문이 담당한다.

산앙루에서 바라본 강학 공간과 논산 평야

입덕문이 산앙루와 강학 공간 사이를 가로막는다.

처마를 타고 자연으로 날아가는 **양성당**

산앙루를 지나면 담장 한가운데 정면 3칸 측면 1칸의 솟을대문이 강학 공간을 향해 열려 있다. 입덕문으로 불리는 대문의 가운데 칸은 출입문으로 높이고, 좌우 낮은 칸은 막아서 헛간으로 사용한다. 산앙루와 입덕문은 동일한 축 위에 있으나, 입덕문에서 양성당으로 이어지는 진입축은 살짝 틀어져 있다.

전면에 양성당이 자리하고, 경회당慶會堂과 응도당은 중심에서 벗어나 오른쪽과 왼쪽에서 서로 마주본다. 마당을 가로지르니 거경재와 정의재를 거느린 양성당의 모습이 선명하게 드러난다.

오늘날 돈암서원의 실질적인 강당은 서쪽에 떨어진 응도당이고 양성당은 형식적인 역할만 담당한다. 그러나 양성당의 역사적 의미는 결코 가볍지 않다. 양성당은 『맹자』 「진심상盡心上」의 "자신의 마음을 보존하고 본성을 기르는 것이 하늘을 섬기는 방법이다"에서 따온 명칭이다. 김장생 선생이 기거하며 학문을 닦고 죽음을 맞이한 양성당은 그 규모와 양식은 응도당에 미치지 못하지만 김장생 선생의 채취가 묻어 있는 공간이다.

정면 5칸 측면 2칸에 팔작지붕을 한 양성당의 양 측면 1칸은 온돌방이고 가운데 3칸은 대청마루다. 가운데 대청마루는 다시 뒤로 한 품 물러나 앞으로 마루를 깔고 뒤로는 들어열개문을 세웠다. 평시에는 마루에 단 3개의 여닫이문으로 출입하지만 날씨가 좋은 날이면 양여닫이문을 포개어 처마에 건다고 한다.

유사의 도움으로 양성당의 들어열개문을 처마에 걸어 본다. 서까래가 성급하게 구름 속으로 달아나고 그 뒤로 6개의 들어열개문이 처마

양성당

형식적인 강당의 역할만 담당하지만 김장생 선생의 체취가 묻어 있는 공간이다.

를 타고 멀리 계룡산 자락으로 날아간다. 계절 바람을 타고서 날아가고 싶어 했던 김장생 선생의 낭만을 들어열개문에 담은 듯하다. 양성당의 들어열개문에는 시간의 흐름과 계절의 풍미를 공간으로 풀어내고자 했던 한국 건축만의 멋이 담겨 있다.

양성당 대청마루에 좌정하고 지평선을 바라본다. 마당 중앙에 자리한 연산현돈암서원비기蓮山縣遯巖書院碑記의 팔작모자가 계룡산 자락에 박힌다. 송시열이 비문을 짓고 송준길이 글씨를 쓴 비석으로 김계휘, 김장생, 김집으로 이어지는 학문을 칭송하고 서원의 건립과 구조를 적었다. 비석 뒤로 입덕문과 산앙루의 지붕이 계룡산 자락으로 켜켜이 포개진다. 돌아앉아 양성당 대청마루의 뒷문을 열면 3개의 여닫이 창문 사이로 3폭의 산자락이 안긴다. 작은 툇마루가 시간의 빈틈을 놓치지 않고 사당을 경배한다.

전면 3칸, 측면 1칸 반의 맞배지붕인 거경재와 정의재는 응도당 내부 실室의 이름을 따왔다. 양성이 추구하는 인을 위한 곳이라는 뜻으로 비교적 최근에 세운 건물이다. 양성당과 거경재, 정의재는 응도당의 웅장함에 눌리는 기색이다. 하지만 양성당에는 자연을 느끼고자 했던 김장생 선생의 소박한 바람이 배어 있다.

양성당에서 바라본 마당
양성당은 규모가 웅장하지는 않지만 날이 좋으면 들어열개문을 처마에 걸어 자연과 교감했다.

웅장한 서원 건축의 본보기 응도당

서쪽 담벼락에 우두커니 앉아 있는 응도당은 보물 제1569호로, 정면 5칸, 측면 3칸의 웅장한 맞배지붕 건물이다. 장대석 두벌대로 기단을 만들고 한 자 반 높이의 원형 장초석을 앉혀 그 위에 원주를 세우고 우물마루를 짜 얹었다. 바닥은 온돌방 없이 모두 대청마루로 깔았다.

마당에서 멀찍이 떨어져서 응도당을 바라보면 한 가지 비밀을 발견할 수 있다. 기단과 마룻바닥 사이의 빈 공간이 대지와 건물 사이를 잘라버린다는 것이다. 웅장한 응도당이 대지 위에 낮게 떠 학문을 하는 자는 어떠한 구속도 없이 천리의 기운을 받아 자유롭게 날아다녀야 함을 말하고 있다.

『한국의 서원유산 1』에 응도당의 평면구조를 설명하는 글이 이렇게 적혀 있다. "응도당의 평면은 동방서실제東房西室制를 적용하여 대청마루를 가운데 두고 그 좌우에 각각 방을 배치하였다. 동쪽 방은 거경재, 서쪽 방은 정의재이다." 응도당은 정면에 창호를 달지 않고 측면과 마루방에 띠살 복합문과 띠살 4분합 창문을 달았으며 동서 측면은 판벽으로 막고 여닫이 창문을 달았다. 여름철이면 들어열개문을 천장에 매달아 공간을 외부로 개방했다.

2고주 5량 구조에 겹처마를 두른 응도당의 맞배지붕은 보기만 해도 위풍당당하다. 맞배지붕의 측면은 칼로 자른 듯 뭉툭하다. 이것을 놓치지 않고 풍판이 끝나는 지점에 예제 건축의 당우제에 따라 눈썹지붕을 달아낸 후 한 품 떨어져 처마 아래 작은 기둥을 세우고 사재기둥(경사기둥)까지 세웠다. 외곽 기둥과 내민 기둥 사이에 사재 기둥을 설치하여 눈썹처마를 잡아당기는 듯한 재미있는 구조다.

응도당 돈암서원의 실질적인 강당으로 대지 위에 낮게 떠 있는 모습이다. 웅장하고 화려한 건축 양식을 자랑한다.

응도당 측면 응도당은 정면이 아닌 측면에 창문을 달았다.

응도당은 김장생 선생이 『가례집람』에서 정립한 서원 건립 양식을 실제로 적용한 건물이다. 이건 과정에서 부분적으로 고쳐진 곳이 있지만 대부분은 건립 당시 모습을 간직하고 있다. 오늘날의 설계 설명서에 해당하는 『가례집람』에서 서원의 평면 구조와 디테일을 다음과 같이 설명하고 있다.

신분에 따라 건축형식을 구분하는 전옥하옥제殿屋廈屋制는 다시 평면 구성을 규정한 방실제房室制와 지붕 구성 차이를 규정한 당우제堂宇制로 분화된다. 방실제는 평면에 대한 내용이고 당우제는 건물의 구조와 양식에 관한 내용이다. 당우제에서 유霤, 영楹이라는 용어로 나열되는데 유는 낙수받이를 말하고 영은 눈썹지붕을 말한다.

응도당 양 측면에 눈썹지붕을 설치한 것은 영을 설치한다는 당우제의 설계 개념에 따른 것이다. 정면 5칸의 길이는 12.8미터지만 양 측면의 눈썹지붕을 받치는 기둥까지 포함하면 16미터에 이르고, 전면 기단의 길이가 약 17.2미터, 측면 기단 길이는 약 12미터에 다다른다. 눈썹지붕을 설치하기 위해 처음부터 기단을 충분히 크게 조성한 것이다. 이렇듯 응도당은 한국 서원 건물 중 가장 큰 규모를 자랑한다.

응도당의 우람한 기둥과 들보는 형언할 수 없는 기상을 풍긴다. 기둥과 보로 이어지는 장중함을 부드럽게 조정하기 위해 기둥 위에 외1출목 3제공식으로 공포를 짜 올리고 화반, 대공 등에 문양을 새겨 넣었다. 응도당에는 구조적으로 주심포, 다포, 익공식 기법이 섞여 있다. 응도당이 장중하면서도 화려하게 느껴지는 이유다.

응도당의 장식은 아름답고 화려하지만 천장에는 자연 생김새 그대로의 우람한 대들보가 굽은 허리를 세우고 있다. 대청마루의 단단함이

응도당 건축 구조

(1) 눈썹처마를 잡아당기는 사재기둥　(2) 기둥 위의 화려한 공포　(3) 투박한 응도당 천장

장중한 기둥을 타고 연등천장의 대들보와 서까래로 이어진다. 마치 거대한 용이 응도당 천장을 휘감고 기어가는 듯하다. 생명이 꿈틀거리는 듯 생기를 발하는 응도당에서 훌륭한 인재들을 키워낸 힘을 느낄 수 있다.

대를 이어 내려오는 강학의 의지 정회당

응도당 서쪽으로 담장을 끼고 오래된 한옥 한 채가 앉아 있다. 중앙 기둥 위로 정회당이라는 현판을 달고 있는 이 건물은 김장생 선생의 아버지 황강 김계휘가 강학했던 건물이다. 정회는 유생들의 수행 방법 중 하나로, 고요하게 몸소 실천하는 것을 의미한다. 정회당은 대둔산 자락의 고운사 터에서 1954년 이곳으로 옮겨왔다.

정회당은 전면 4칸, 측면 2칸의 팔작지붕 건물이다. 마루는 응도당과 동일하게 기단 위에 한 자 정도 낮게 올라타 있다. 흐트러짐 없는 깔끔한 대칭 구조로, 정면과 좌우에 누마루를 두르고 중앙에 전면 2칸 측면 1칸의 마루방을 들였다. 정면과 양쪽 측면에 두른 마루 칸은 중앙 마루방 보다 좁다. 정면 2칸과 측면에 여닫이 창문을 달았다. 기둥은 위아래의 색이 다르다. 주초 위의 기둥다리 부분이 빗물에 삭아 새로운 목재로 교체했기 때문이다.

건물 북쪽으로 늙은 향나무 한 그루가 둥근 기단석을 두르고 남북으로 두 개의 가지를 뻗친다. 향나무 뒤로 선비가 옷고름을 단정하게 고쳐맨 듯 장판각이 정갈한 모습으로 서 있다. 정면 3칸, 측면 2칸의

정회당 위아래의 색이 다른 기둥에서 시간의 차이를 느낄 수 있다.

팔작지붕 건물로 바닥에 한 자 정도 띄워 마루를 깔았다. 이곳에 김장생 선생의 문집 등을 인쇄한 여러 목판들이 보관되어 있다.

정회당 마루에 앉아 응도당을 바라본다. 둔탁한 박공지붕 아래 긴 풍판이 수직으로 흐르다 날렵한 눈썹지붕이 세잔한 기둥을 짚고 수평선으로 날아간다. 파란 하늘을 품은 3개의 여닫이 창문이 한 폭의 그림 같다. 김계휘가 살아 있다면 북쪽 창문을 열어 늙은 향나무를 굽어보며 하루를 시작하고 앞문을 열어 응도당과 산앙루를 살펴봤을 것이다.

정회당 북쪽 학자수 정회당에 가지를 늘어뜨린 학자수 뒤편으로 정갈하게 선 장판각이 보인다.

정회당에서 바라본 응도당 응도당의 눈썹지붕이 수평선으로 이어진다.

사상의 담을 두른 숭례사

돈암서원에서 가장 오래된 공간 배치를 갖춘 곳은 사당 영역으로, 우러러 볼 정도로 높지는 않은 곳에 위치한다. 내삼문이 강당 뒤로 멀찍이 떨어져 독특한 형식의 꽃담을 두르고 있다. 다른 사당의 내삼문과 다르게 중앙에 신문을 높이 세우고 좌우에 토막 담을 쌓은 후 다시 낮은 문을 세우고 담장을 둘렀다. 토막 담장은 하부에 자연석을 쌓고, 허리에 두 줄의 선을 두르고, 그 위에 차례대로 장식을 수놓고, 수평으로 3단의 띠를 두른 후 마지막으로 기와를 얹었다. 더불어 담장에 글자를 박아 김장생 선생의 사상을 받들었다.

사당 담장을 화려하게 장식한 곳은 유네스코 세계 문화유산 목록에 등재 신청한 9곳 서원 중에서 돈암서원이 유일하다. 신문 좌우 토막 담장에는 빨간색으로 박문약례博文約禮를, 왼쪽 낮은 문으로 이어지는 담장에는 검은색으로 서일화풍瑞日和風을, 오른쪽 문으로 이어지는 담장에는 지부해함地負海涵을 새겼다. 이는 예학의 정신을 가슴에 새기고 학문과 지식을 넓게 펼치라는 김장생 선생의 사상을 새긴 것이다.

내삼문으로 들어서자 기단 위에 정면 3칸, 측면 1칸에 맞배지붕을 한 숭례사崇禮祠가 앉아 있다. 반 칸 밀어낸 처마 아래로 붉은 기둥이 손을 내민다. 사당문을 열고 들어서니 들어열개문으로 들어온 햇살이 정적이 흐르는 김장생 선생의 신주 아래로 길게 눕는다.

마당 모서리에 소나무 한그루가 파란 하늘에 가지를 뻗치고 구름을 마중한다. 선생이 우뚝 서서 연산평야 너머 개룡산 자락을 바라보는 듯하다. 제향자의 낭만적인 사상이 침묵의 공간을 지키고 있다.

돈암서원 사당 영역

꽃담을 두른 내삼문과 숭례사는 돈암서원에서 가장 오래된 공간 배치를 갖춘 영역이다. 다른 서원과 달리 화려하게 장식한 담장이 독특하다.

숭례사

양성당과 마찬가지로 들어열개문을 설치하여 햇살을 받아들인다.

웅장한 건축 속의 낭만

돈암서원에는 모나거나 급한 공간이 없다. 그렇다고 한없이 늘어지지도 않는다. 돈암서원에서는 알 수 없는 아늑함과 우아함이 공존한다. 엄숙해야 할 사당마저 산장처럼 아늑하고 들어열개문으로 자연을 받아들인다.

이는 내삼문의 꽃담에 박힌 글자인 서일화풍과 지부해암, 박문약례의 뜻과 다르지 않다. 즉, 타인을 웃는 얼굴로 대하고 세상 모든 것을 포용하며 넓은 지식으로 예를 갖추고 행동하라는 것이다. 넓은 공간에 펼쳐진 돈암서원 배치는 일견 지루하게 느껴지지만 그 속에는 웃는 얼굴로 세상을 포용하고 예를 갖추어 행동했던 김장생 선생의 사상이 흐르고 있다.

건축적으로는 응도당 하나가 다른 모든 건물의 가치를 초월한다. 투박하고 웅장한 응도당에 달린 눈썹지붕의 디테일은 극적이다. 통나무가 잘려나가듯 박공지붕의 양끝이 싹뚝 잘려나간 자리에 눈썹지붕을 걸어 삭막함을 경이로움으로 날린다. 통나무에 새순이 피어난 듯한 모습이다. 건축에서 가장 중요한 것은 기본 구조지만, 장식과 디테일의 빼어남도 무시할 수 없다는 것을 응도당의 눈썹지붕이 말하고 있다. 더하지도 덜하지도 않게 장식된 눈썹지붕에서 김장생 선생의 부드러운 인품 속 낭만이 엿보인다.

한국의 서원은 기본적으로는 원칙을 따르되 제향자의 사상과 지형적인 조건에 따라 각양각색의 공간을 만들어냈다. 돈암서원은 시중의 건축이 자아내는 자연스러움이 돋보이는 공간이다. 김장생 선생의 정신이 양성당의 들어열개문을 타고 개룡산 자락으로 날아갈 듯하다.

자기 인생의 주인공으로 거듭나는 한국의 서원

한국의 서원은 중국의 서원에 우리만의 독특한 구조와 경관을 덧댄 조선시대의 엘리트 사립 교육 기관이었다. 거대하고 화려한 중국의 서원을 모델로 했지만 우리의 문화와 사상으로 발효되어 고유한 교육 기관으로 발전했다. 성리학의 질서를 바탕으로 사회지도층을 양성하기 위해 16세기에 탄생한 이 교육 기관의 궁극적인 목적은 공동체의 발전에 있었다. 한국의 서원은 유식과 강학, 제향으로 이루어진 교육 시스템을 마련하여 미래 인재들이 수양하며 공부하는 장수 공간을 만들고자 했다.

성리학의 자연관, 지리관, 세계관에 따라 각각의 공간을 다양하게 배치했다. 그 결과 주변 산수와 조화를 이루는 독특한 공간과 전망 경관이 탄생할 수 있었다. 유네스코 세계문화유산 목록에 등재 신청한 9곳의 서원은 하나같이 다른 배치와 공간으로 그 멋을 자랑한다. 16, 17세기 사화의 지뢰밭 속에서 죽음을 불사하며 학자로서 지조를 잃지 않은 유학자들의 독창적인 사상이 집적되어 있기 때문이다. 제향자의 정신을 바탕으로 배치와 공간을 설계하며 각각의 서원은 독창적인 사상 공간으로 거듭났다.

기본적으로 전당후묘, 전저후고의 질서를 따르되 제향자의 사상과 지역 조건, 지세의 형편에 따라 공간을 다양하게 조성하고 건축물 또한 각양각색으로 배치했다. 이는 우리만의 독창적인 건축 공간이 발전할 수 있었던 원동력으로, 한국인의 유연한 성향과도 연결된다. 서원 구조의 축과 배치와 질서를 존중하되 지형과 지역 민심, 제향 인물의 철학에 따라 균형과 조화의 미를 추구했다. 한국의 서원이 시중의 건축으로 불리는 것은 원칙을 지키되 시류에 따라 유연하게 그 축과 배치를 조정했기 때문이다.

9개의 서원에 제향된 학자들은 가문의 이익이나 사리사욕을 넘어 국가와 민족의 백년대계를 위해 자신을 희생하며 교육과 향촌의 교화에 힘썼다. 서원은 건강한 공동체를 위해 기꺼이 목숨을 바친 정신의 산물이었다. 오늘날 우리가 놓쳐버린 우리만의 독창적인 문화와 사상이 우리가 오래전에 버렸던 한국의 서원에 그대로 살아 있다. 한국의 서원에는 성리학적 질서 속에서 우리 민족만의 교육을 치열하게 실험했던 흔적이 고스란히 남아 있다. 자연과 인간, 어느 한쪽에 치우치지 않는 천인합일의 정신이 공간 속에 배어 있다.

"자기 자신을 찾아가는 것", 즉 "위기지학爲己之學"은 서원을 우리 땅에 정착시킨 퇴계 이황이 제자들에게 가장 강조했던 문장이다. 한국의 서원은 자연을 억지로 틀거나 조정하기보다 장소의 가치에 가장 적합한 건축 공간을 조영하고자 했다. 한국의 서원은 세상의 모서리에 부딪혀 상처 난 가슴을 치유하는 법은 오직 스스로 내면을 키워내는 힘에 있음을 건축 공간으로 말해준다. 한국의 서원에서 세상에 단 하나밖에 없는 인생의 주인으로 살아가는 법에 대해 조언을 구할 수 있다. 산수 빼어난 곳에 자리한 한국의 서원은 현실 너머의 이상세계를 꿈꾼 스승들을 만날 수 있는 공간이다. 그 이상세계는 자기 자신을 찾아가는 길 가운데 있을 것이다.

서원의 주요 공간과 활동

한국의 서원은 진입동선을 따라 서원 앞으로 전개되는 산수를 보며 천인합일의 경지를 터득하는 유식 공간, 그 뒤로 세상의 이치를 탐구하고 경서를 읽고 토론하며 제자를 양성하는 강학 공간, 마지막으로 본받을 만한 스승의 학덕을 되새기며 추모하는 제향 공간 순으로 배치된다.

가장 앞에 위치하여 자연과 만나는 유식 공간은 한마디로 강학 공간의 긴장을 풀어주는 곳이다. 학문하는 가운데 쉬고 노닌다는 뜻의 유식은 단순히 노는 것이 아니라 산수를 굽어보며 자연과 인간이 하나 되는 공간이었다. 유식 공간은 홍살문, 하마석, 외삼문과 누각으로 이루어져 있다.

홍살문

서원 영역은 홍살문에서 시작된다. 홍살문은 서원이 엄숙하고 신성한 구역임을 알리는 상징적인 문으로, 서원의 입구에 제일 먼저 나타나는 구조물이다. 홍살문에는 출입문도 달려 있지 않고 지붕도 없으며, 다만 좌우에 기둥 하나씩을 세워 기둥 상부를 가로 방향으로 연결하고 그 위에 나무 살을 박았다. 구조물에 붉은 칠을 하고 상부 가로재에 나무 살을 박은 후 중앙에 태극 문양을 달았기 때문에 홍살문이라 부른다.

하마석

신분과 관계 없이 서원 앞을 지나는 사람이라면 누구든 제향자에 대한 존경의 표시로 말이나 가마에서 내려야 하는 낮은 돌비석이다. 하마비라고도 하는 하마석은 일반적으로 서원으로 들어가는 홍살문 주변에 위치한다. 하마석 주변에는 서원이 교육 시설임을 상징하는 은행나무(학자수) 한두 그루가 심어진 경우가 많다. 이는 많은 선비들을 배출하려는 소망을 은행나무 열매에 담은 것이다.

외삼문

서원의 정문으로, 일반적으로 세 칸으로 구성되었기 때문에 외삼문이라고 부른다. 2층 누각 아래 3문이 놓인 것이 일반적이지만 가운데 칸의 용마루가 좌우 칸의 용마루보다 높은 솟을삼문으로 된 것도 있고, 용마루가 수평으로 이어진 평지붕으로 된 것도 있다. 보통 가운데 문은 신문이며 사람들은 우측 문으로 들어가 좌측 문으로 나와야 한다.

누각

선비들이 학문의 긴장에서 벗어나 자연을 바라보며 심신을 고양하는 시설이다. 누각은 주로 2층으로, 사방으로 트여 주변 자연과 교섭하며 천인합일의 정신을 함양한다. 건물 안에서 밖을 내다보며 멀리 있는 자연을 불러들이고 자연 경관을 이루는 나무, 돌, 산 등에도 그 존재 가치를 부여한다. 누각은 자연을 의인화함으로써 자연과 인간이 하나라는 천인동구 사상을 실천하는 공간이다.

강학 공간

누각을 지나면 ㄷ자의 강학 공간이 나온다. 강학 공간은 유생들이 강독하고 수양하는 공간으로 강당과 재사(동재와 서재)로 이루어진다. 주로 강당 앞에 동재와 서재가 마주 보는 배치지만 강당 뒤로 재사가 서는 경우도 있다. 강당 앞에 재사를 배치한 대표적인 서원으로는 남계, 옥산, 도산, 도동, 병산서원이 있고 강당 뒤에 재사를 배치한 서원으로 필암서원이 있다.

강당

강당은 유생들이 유교 경서를 공부하는 중심 건물이다. 원장과 원이(부원장)가 기거하는 곳이기도 하다. 강당은 원장이 유생들에게 정기적으로 강회를 베푸는 곳으로 유회나 제사 때는 유림들의 회의 장소가 된다.

강당은 정면 5칸 규모의 건물이 가장 많고 서원에 따라 4칸도 있다. 5칸일 경우 중앙의 3칸은 대청이고 그 양측 1칸은 각각 온돌방이다. 측면 1칸만 온돌방이고 나머지 3칸이 대청인 경우도 있다. 대체로 오른쪽 온돌방에는 원장이, 왼쪽 온돌방에는 원이가 기거했다.

강당의 대청마루는 스승과 학생의 강론과 행례가 일어나는 장수 공간이다. 전재후당前齋後堂의 배치를 한 강당의 기단은 재사의 기단보다 높게 조성된 것이 일반적이다. 강당의 기단은 막돌 바른층이나 다듬은돌 허튼층쌓기로 되어 있고 기둥은 방주보다 원주가 더 많이 사용된다. 강당의 대청은 연등천장을 하여 구조체가 노출되도록 짓고 구들을 놓은 협실은 천장을 설치한다. 강당의 기둥머리는 민도리 및 익공으로 처리하는데 도동서원의 중정당과 같이 포를 짠 것도 있다.

재사(동재와 서재)

재사는 원생들이 기거하며 독서를 하는 생활 공간으로 마루와 온돌방으로 구성된다. 일반적으로 마당을 사이에 두고 동재와 서재가 서로 마주보고 있다. 재사는 대개 정면 2~5칸, 측면 1~2칸 정도로 그 규모가 일정하지 않다. 재사는 성리학적 위계를 반영하여 강당 건물보다 지면이 한 단 낮은 곳에 더 작게 세웠다.

장판각, 장서각

유생들의 도서관으로 서적의 수집, 보관, 관리를 담당하는 곳이다. 장판각은 목판을 보관하는 곳이며 장서각은 판본이나 서적들을 수장하는 곳으로 강학 공간의 부속건물이다. 재정 능력이 있는 서원은 서적을 직접 제작했다. 그럴 경우 대개 선현들의 문집 등을 나무에 판각하여 인쇄했다. 도산서원과 같이 규모가 큰 서원은 장판각과 장서각을 별도로 설치하기도 했다. 장판각이나 장서각은 강학 공간에 위치하면서도 화재 등으로 화를 당하는 것을 피하기 위해 강당이나 재사에서 떨어지도록 세심하게 배려하여 배치했다. 일반적으로 남향으로 배치하여 맞배지붕을 달았으며 가운데나 각 칸마다 출입을 위한 판문을 달고 내부는 마루를 깔았다. 습기 때문에 종이와 목판이 상하는 것을 방지하기 위해 공기가 잘 통하도록 벽에는 환기구나 살창을 설치했다. 더불어 흙벽보다 통풍 효과가 큰 판자벽을 사용했으며 건물 바닥은 지면에서 띄워 건물 안으로 습기가 들어오는 것을 방지했다.

제향 공간

선현을 배향하고 제사 지내기 위한 제향 공간은 가장 높은 곳에 독립적으로 배치했다. 크게 신문과 부속건물, 부속시설물로 구성된다. 예제 건축의 중심인 서원의 사당(사우)은 기본적으로 3칸으로 이루어져 있다.

신문

신문은 사당으로 통하는 제향 공간의 정문으로서 서원의 강학 공간과 제향 공간을 경계 짓는다. 신문은 서원 가장 깊은 곳에 있는 문이면서 3칸으로 구성되었기 때문에 내삼문이라 불린다. 가운데 문은 제향시 제관과 제수만이 통과할 수 있다.

사당(사우)

사당은 제향 공간의 중심으로 사림의 정신적인 지주가 되는 선현의 신위나 영정을 모시고 춘추로 제향을 베푸는 곳이다. 서원에 따라서는 충절로 이름이 높은 인물을 모신 경우도 있고, 조선 후기로 가면 문중에서 받드는 인물을 모시는 경우도 나타난다. 거의 모든 사당에 선현의 신위만 모셔져 있으나 무성서원과 같이 영정을 모신 서원도 있다.

사당은 정면 3칸, 측면 2칸 규모가 일반적이며 주로 맞배지붕이다. 기단 좌우에는 계단이 설치되어 있다. 전면에 툇간을 설치하여 제향 때 의례 공간으로 사용하도록 했다. 사당은 신위를 모시는 곳이기 때문에 정면에만 출입문을 내고 나머지는 두터운 벽을 둘러 내부를 어둡게 하여 유현한 분위기가 감돌게 했다.

신위는 죽은 사람의 위패로 영혼이 의지하는 자리며, 대개 밤나무로 만든다. 길이는 여덟 치(24cm), 폭은 두 치(6cm) 가량이고 위는 둥글게, 아래는 모지게 만들었다. 뒷벽 가운데에 주향하는 분의 신위를 모시고 그 좌우에 배향하는 분의 신위를 모시거나, 신위의 서열에 따라 뒷벽 오른쪽(서쪽)에서 왼쪽(동쪽)으로 차례로 모셨다. 서원의 기본 정신은 주향으로 모신 선현의 학덕에 근간을 둔다. 선현의 가르침과 정신세계가 빙의된 것으로 간주되는 신위가 사당의 중심에 모셔짐으로써 사당은 선현의 정신과 동일시된다.

전사청, 제기고

전사청은 제향 시 제수를 마련하는 곳이고, 제기고는 제사에 필요한 제기와 제례용구를 보관하는 곳이다. 제수는 크게 마른 것과 물기가 있는 것으로 구분되기 때문에 전사청 바닥은 마루나 온돌, 흙바닥으로 되어 있다. 도산서원의 전사청은 마른 세수와 물기기 있는 제수를 위한 건물을 따로 지어 두 동으로 구성했다. 서원에 따라서 전사청에 제기를 보관하는 공간을 함께 마련하여 별도의 제기고를 두지 않는 곳도 있다.

관세위

향사 때 헌관들이 손을 씻는 대야를 두는 곳이다. 석재 기둥을 세워 그 위에 관분, 즉 대야를 올려 놓는다. 사당이 남향일 경우 사당 앞 동쪽 계단의 동쪽에 위치한다. 헌관은 일반적으로 사당 앞뜰에 사당을 향하여 옆으로 길게 서 있다가 제향하기 전에 관세위에서 손을 씻는다.

망례위

제향을 지내고 난 뒤 축문을 태우고 묻는 곳이다. 망료위라고도 한다. 례는 묻는 것이고, 료는 태우는 것을 뜻한다. 향사가 끝나면 축관은 축판과 폐백을 모시고 사당 앞 서쪽 계단으로 내려와 사당 서쪽에 마련된 망례위에 나아가 축문을 태운 뒤 묻는다. 서원마다 망례위의 위치와 모양은 조금씩 다르다. 도동서원의 망례위는 사우 오른쪽 담에 구멍을 만들어 설치했는데 이는 감坎이라고 부른다.

지원 공간

고직사

서원을 지키고 관리하는 원지기가 거주하는 곳이다. 일반적으로 강학 공간의 좌측 바깥이나 우측에 담으로 둘러싸인 별도의 영역에 위치한다. 원지기는 평상시에는 유생과 원생들의 식사를 준비하고 제향 때는 제수를 준비한다. 이를 위해 고직사에는 식량, 용품 등을 보관하는 창고가 있다. 고직사는 방과 대청, 부엌 등으로 구성된다는 점에서 일반 살림집과 비슷하나 안마당은 부엌 공간이 연장된 작업 공간으로 쓰인다. 사대부 주택에서 사랑채가 빠진 평면이다. 고직사는 교직사, 주사 등으로 불린다.

부속시설물

생단

향사에 쓸 희생(가축)을 검사하는 단으로, 희생을 검사하고 품평하는 의식을 진행한다. 현관과 관계관들이 생단에 나아가 생단 주위에 서서 생간품牲看品을 행한다. 생단 서쪽에 선축관이 생단에 준비된 희생이 만족스럽고 청결한가를 돌하고 물으면, 헌관이 합당하면 충이라고 답한다. 생단은 서원마다 모양과 위치가 일정하지 않다.

석등, 정료대

석등은 석조로 된 구조물로 밤에 관솔불을 밝히는 곳이다. 사당과 강당 앞마당에 설치한다. 정료대 또는 요거석이라 부른다.

연당

서원의 입구 근처에 주로 연당을 조성했다. 성리학자들에게 연꽃의 의미는 주돈이의 「애련설」에 뿌리를 두고 있다. 주돈이는 애련설에서 연꽃의 특성을 군자의 성품에 비유했다.

서원 활동

강회

특정서원을 중심으로 다수의 인물이 모여 집단적인 학습활동을 하는 것을 말한다. 처음에는 정기적으로 한자리에 모여 정해진 책을 함께 강독하고 토론하는 공동학습의 형식을 취했으나, 후기로 가면서 부정기적으로 쟁점이 되는 학설이나 학문적 주제에 대해 집단적으로 토론하는 방식을 취하였다.

거접

조선시대 서원에는 강회 외에도 거접이라는 독특한 공부 방법이 있었다. 무리를 지어 함께 기숙하면서 학문을 하거나 혹은 과거 준비를 하는 것을 말한다.

참고문헌

김원룡, 『한국 고미술의 이해』, 서울대학교 출판부, 1999

김훈, 『자전거 여행』, 문학동네, 2014

성백효, 『논어집주』, 전통문화연구회, 2010

오주석, 『옛 그림 읽기의 즐거움』, 솔, 1999

이상해, 『한국의 서원 사진 및 도면집』, (사)한국서원연합회 한국의 서원 세계유산 등재추진단

이희봉, 『한국건축의 모든 것 죽서루』, 한국학술정보(주), 2013

장기근, 『중국의 신화』, 을유문화사, 1974

최영진, 『퇴계 이황』, 살림, 2007

최효찬, 『500년 명문가, 지속경영의 비밀』, 위즈덤하우스, 2008

한국서원연합회 이해준 외, 『한국의 서원문화』, 도서출판 문사철

한국서원연합회 이해준 외, 『한국의 서원유산 1』, 도서출판 문사철

리처드 니스벳, 최인철 옮김, 『생각의 지도』, 김영사, 2004

알랭 드 보통, 정영목 옮김, 『행복의 건축』, 이레, 2007

에드워드 핼릿 카, 박종국 옮김, 『역사란 무엇인가』, 육문사, 2011

헨리 데이비드 소로우, 강승영 옮김, 『월든』, 은행나무, 2011

『한국의 서원문화』, 『한국의 서원유산 1』에 포함된 참고문헌

강경환 외, 『서원의 보존관리 매뉴얼』, 문화재청, 2011

김경선 외, 『서원향사: 노강서원, 돈암서원』, 국립문화재연구소, 2012

김경선 외, 『서원향사: 병산서원. 옥산서원』, 국립문화재연구소, 2012

김경선 외, 『서원향사: 소수서원. 도산서원』, 국립문화재연구소, 2011

김봉렬, 『서원건축』, 대원사, 2006

김은중, 『한국의 서원건축』, 문운당, 1994

김지민, 『한국의 유교건축』, 발언, 1997

류한승, 『병산서원』, 안동하회마을보존회, 2003

윤희면, 『조선시대 서원과 양반』, 집문당, 2004

이상해, 『궁궐 유교건축(한국의 재발견 12)』, 솔, 2004

이상해, 『서원』, 열화당, 2002

이수환, 『도동서원지(민족문화연구자료 16)』, 영남대학교출판부, 1997

이수환, 『옥산서원지(민족문화연구자료 13)』, 영남대학교출판부, 1993

이수환, 『조선후기 서원연구』, 일조각, 2001

이우성, 『도산서원』, 한길사, 2001

이춘희, 『이조서원문고목록』, 국회도서관, 1969

이태진, 『조선유교사회사론』, 지식산업사, 1989

이해준, 『조선후기 문중서원 연구』, 경인문화사, 2008

이해준 외, 『서원보존 · 정비 관리방안연구 보고서』, 문화재청, 2010

이호일, 『조선의 서원』, 가람기획, 2006

정만조, 『조선시대 서원연구』, 집문당, 1997

정순목, 『한국서원교육제도연구(민족문화연구총서 3)』, 영남대출판부, 1979

정순우, 『서원의 사회사』, 태학사, 2013

최완기, 『한국의 서원』, 대원사, 1991

국가브랜드 위원회. 문화재청, 「한국 서원의 어제와 오늘 그리고 미래: 인류가
　　공유해야 할 교육. 문화자산적 가치」, 서원국제학술대회자료집

국민대 한국학연구소, 「동아시아 유교문화권 속의 서원」, 국제학술세미나자료집

국민대 한국학연구소, 「한중일 서원연구의 현황과 과제」, 국제학술세미나자료집

이흥재·한국문화정책개발원, 「우리 민족문화창달을 위한 항교와 서원기능의
　　현대적 활용방안」, 한국문화관광연구원, 2002

주석에 관한 설명

이글은 유네스코 세계유산목록등재 신청을 위해 (사)한국서원연합회
세계유산등재추진단에서 발간한 도서(한국의 서원문화, 한국의 서원유산 1,
한국의 서원 사진 및 도면집)에 기반을 두고 수차례 답사를 거쳐 지었음을
프롤로그에서 밝혔다. 상기 저서에서 이미 인용한 고전은 그대로 인용하고 별도의
주석을 달지 않았음을 밝힌다.

사진에 관한 설명

이 책에 수록된 사진은 (재)한국의 서원 통합보존 관리단(사진가 오종은)의 사진과
저자의 사진이 포함되어 있다.

인명색인